Joachim Stary
Horst Kretschmer

Umgang mit wissenschaftlicher Literatur

Eine Arbeitshilfe für das sozial- und geisteswissenschaftliche Studium

studium kompakt

Lesemethoden
Schneller lesen

Cornelsen
SCRIPTOR

 http://www.cornelsen.de

Gedruckt auf chlorfrei gebleichtem
Papier ohne Dioxinbelastung der Gewässer.

Bibliografische Information: Die Deutsche Bibliothek verzeichnet diese Publikation in der
Deutschen Nationalbibliografie; detaillierte bibliografische Daten sind im Internet über
http://dnb.ddb.de abrufbar.

6.   5.   4.   3.   € Die letzten Ziffern bezeichnen
07   06   05   04   Zahl und Jahr der Auflage.

Redaktion: Marion Clausen, Göttingen
Herstellung: Hans Reichert, Frankfurt am Main
Umschlaggestaltung: Bauer + Möhring, Berlin
Zeichnungen: Klaus Puth, Mühlheim
Satz: Grützmacher GmbH, Frankfurt am Main
Druck und Bindung: Clausen & Bosse, Leck
Printed in Germany
ISBN 3-589-21048-6
Bestellnummer 210486

Inhalt

Vorbemerkungen

> *„Auch das reine Kaufen, ohne die Absicht zu lesen, ist durchaus ehrenswert."*
>
> *(Gottfried Honnefelder)*

Unsere Erfahrungen im Rahmen der universitären Lehrerausbildung sowie der hochschuldidaktischen Aus-, Fort- und Weiterbildung haben immer wieder gezeigt, daß viele Studierende Schwierigkeiten mit dem Lesen haben. Lesen ist und bleibt **die** Tätigkeit im Studium jeder Wissenschaft. Das Wissen über Methoden, Strategien, Verfahren der Aneignung und des Umgangs mit wissenschaftlicher Literatur ist deshalb wichtiges Wissen. Es wird aber leider und auch zum Erstaunen der betroffenen Studierenden immer wieder von vielen Hochschullehrern lieber vorausgesetzt als vermittelt.

Dieses Buch soll Ratgeber und Nachschlagewerk in einem sein. Es soll ermutigen, sich mit Lust und Ernst wissenschaftliche Texte anzueignen.

Für wen wir dieses Buch geschrieben haben

Zunächst denken wir an Studierende der sozial-, geistes- und sprachwissenschaftlichen Fächer, aber auch an Lehrende, die in diesen Bereichen Veranstaltungen zu Lese-, Lern- und Arbeitstechniken anbieten oder innerhalb von Fachseminaren Leseschwierigkeiten problematisieren. Im Rahmen beruflicher Weiterbildung muß ebenfalls viel gelesen werden. Wer hier eine Hilfe zum Selbststudium sucht oder an entsprechenden Kursen teilnimmt, soll dieses Buch ebenfalls mit Gewinn benutzen können.

Was wir unter wissenschaftlichen Texten verstehen

Wir meinen, daß es für die Zwecke dieses Buches nützlich ist, den Begriff „Wissenschaft" möglichst weit zu fassen. Wir beziehen deshalb nicht nur Texte ein, die über die Entdeckung bzw. die Produktion wissenschaftlicher Erkenntnisse und Theorien berichten (z.B. Forschungsberichte, Ergebnisse empirischer Untersuchungen u.ä.), sondern auch solche, die das Wissen systematisieren, es für verschiedene Anwendungsbereiche „brauchbar" machen (z.B. „Einführung in...", „Handbuch der..." u.ä.). Schließlich auch Texte, die als wissenschaftliche Hilfsmittel bzw. als Popularisierungen von Wissen zu betrachten sind (wie Lexika, Fachwörterbücher bis hin zum DUDEN-Rechtschreibung). Diese verschiedenen Texte können in Buchform vorliegen; sehr viel häufiger erscheinen sie als Aufsätze in Sammelwerken und Fachzeitschriften und dienen dann dazu, wissenschaftliche Auffassungen zu präsentieren, zu diskutieren und zu kritisieren. In diesen Zusammenhang gehören auch die Rezensionen wissenschaftlicher Werke.

Wie man dieses Buch benutzen kann

Es geht uns um die **Praxis** des Lesens und Bearbeitens wissenschaftlicher Literatur zum Zwecke des Verstehens und Lernens. Dabei werden die elementaren und allgemeinen Voraussetzungen und Verfahren behandelt und nicht die fachspezifischen, wie sie Thema von Einführungen in Arbeitstechniken z. B. der Germanistik oder Soziologie sind. Praxis heißt auch, daß Methoden und Strategien anschaulich beschrieben und an Texten unterschiedlicher Art aus verschiedenen Fachdisziplinen exemplarisch verdeutlicht werden. Die einzelnen Kapitel sind als Bausteine konzipiert, und so können die Leserinnen und Leser je nach Neigung und Fragestellung ihre individuelle Auswahl treffen und eine eigene Reihenfolge entwickeln. Dabei werden Sie feststellen, daß Themen gelegentlich mehrfach aufgegriffen oder unter verschiedenen Aspekten behandelt werden. Derartige Wiederholungen sind durchaus beabsichtigt.

Einige Textpassagen dieses Buches stammen aus früheren Arbeiten, die Joachim Stary zusammen mit Georg Rückriem und Norbert Franck publiziert hat (siehe Literatur-Hinweise). Viele Hinweise und Ratschläge haben wir bei **anderen** Autoren gefunden. So zu tun, als seien es die unseren, wäre unredlich, so zu tun, als gäbe es sie nicht, würde dem Zweck dieser Publikation widersprechen. Die immer wieder neue Erfindung des Rades ist mittlerweile auch im Wissenschaftsbereich eine häufig geübte Praxis; dennoch bevorzugen wir eine für diesen Bereich wenig populäre Vorgehensweise: Suchen und ausgraben, was längst und leider verschüttet und vergessen ist. Viele Menschen haben Nachdenkenswertes auch über das Lesen gesagt und publiziert. Wir haben vieles von dem, was verschollen oder in Kleinst-Auflagen kaum Publikum erreicht hat, wieder aufgenommen, weil wir es für hervorhebenswert erachten. Deshalb haben wir uns auch oft für das wörtliche Zitat entschieden und darauf verzichtet, eine ältere Diktion in eigene Worte zu fassen.

> *"Someone said, 'The dead writers are remote from us because we know so much more than they did.' Precisely, and they are that which we know."*
> *(Thomas S. Eliot)*

„Lesen" als Problem

Nach einigen Streifzügen kreuz und quer durch schöngeistige und philosophische Literatur gewannen wir den Eindruck: In das Lesen einzuführen bedeutet, sich mit einer nicht lösbaren Aufgabe zu befassen. Am prägnantesten formuliert wird dieser Sachverhalt in dem häufig zitierten Satz Goethes:

> *„Die guten Leutchen wissen nicht, was es einen für Zeit und Mühe gekostet, um Lesen zu lernen. Ich habe achtzig Jahre dazu gebraucht und kann noch jetzt nicht sagen, daß ich am Ziele wäre."*
>
> *(Johann W. Goethe)*

Aus der Sicht derjenigen, die sich mit dem Lesen wissenschaftlich befassen, sieht es noch düsterer aus: So meinen die deutschen Wissenschaftler Bredenkamp und Wittich, daß es eine *„umfassende Theorie des Textlernens"* nicht nur nicht gibt, sondern zur Zeit auch gar nicht möglich ist. Und Baumann vertritt sogar die Ansicht, daß derzeit noch *„das methodische Instrumentarium fehlt, den Leseprozeß exakt zu analysieren"* (1977, S. 360).

Auch renommierte englische und amerikanische Wissenschaftler äußern sich ähnlich. So erklärt z. B. der Herausgeber der kürzlich auf deutsch erschienenen „Cambridge Enzyklopädie der Sprache": *„Die wissenschaftliche Untersuchung der bei der visuellen Erfassung und Verarbeitung von Sprache zu beobachtenden Vorgänge steht noch am Anfang"* (Crystal 1993, S. 208). Und auf studentisches Lesen bezogen, formuliert Anderson (1970, S. 349): *"One cannot be sure what a student is doing when he is looking at the pages of a textbook."*

Die wissenschaftliche Leseforschung liefert uns also keine eindeutigen und vollständigen Grundlagen für die Beschreibung von Verhaltensweisen, die zu erfolgreichem Lesen führen **müssen.** Wenn wir uns dennoch vorgenommen haben, Ratschläge zu geben, wie zu lesen sei, so können dies nur Vorschläge sein. Denn jeder Hinweis („Tue dies oder tue jenes!") hat seine Grenzen in der Einschränkung: „Es kommt darauf an, ob...!". Deshalb vorweg: Alles, was wir Ihnen in diesem Buch vorstellen – seien es eigene Gedanken oder Gedanken anderer, die uns nützlich erscheinen – alles ist Vorschlag, Angebot, Einladung zum Ausprobieren. Nicht mehr, aber auch nicht weniger.

Die Rolle der Aphorismen

Wie schon erwähnt, benutzen wir mit Vorliebe, aber auch mit Bedacht den Erfahrungsreichtum und die treffende Formulierung der Aphorismen. Der geistreiche Ausspruch (= Aphorismus) hat in unserem Buch zweierlei Stellenwert: Er soll einmal erheitern (zeitabständig relativieren), er soll aber auch und vor allem lehren. Wir haben manches aus den meist älteren Büchern über Hodegetik zitiert (Hodegetik; griech. οδος = Weg, im übertragenen Sinne Wegweisung, Anleitung). Aus diesen Werken wird deutlich, daß auch in früheren Zeiten die Studierenden Hilfen für das wissenschaftliche Arbeiten und das Lesen wissenschaftlicher Texte benötigten. Den weltanschaulichen Ansichten der zitierten Herren mag man aus heutiger Sicht teils skeptisch, teils schmunzelnd, teils ablehnend gegenüberstehen, die von uns herausgestellten Zitate drücken allemal ein Maß an Erfahrung aus, das von aktuellen Lerntips selten übertroffen wird. Deshalb sind diese Ratschläge, Regeln, Ermahnungen usw. nach unserer Meinung so be*merkens*wert.

 Die meisten Aphorismen stammen von Georg Christoph Lichtenberg (1742-1799). Dieser Mann hat in seinen (zur Lektüre unbedingt zu empfehlenden) „Sudelbüchern" so viel Nachdenkenswertes – auch zum Thema „Lesen" – geschrieben. Die Aphorismen englisch-sprachiger Autoren haben wir dem brillanten Buch „The Delights of Reading" von Otto L. Bettmann entnommen.

Zur Schreibweise dieses Buches

Sie finden **Substantiv-Verknüpfungen** in diesem Buch mit Bindestrich, Sie finden aber auch *Substantivverknüpfungen* ohne Bindestrich. Wir waren nicht konsequent, sondern haben uns an der Wortlänge und am Schriftbild orientiert, um zu entscheiden, wann wir ein Substantiv-Monster entzweit haben. Immer leitete uns der Vorsatz, der Text möge lesbarer und verständlicher sein.

Ein gleicher Vorsatz bestimmt uns auch hinsichtlich der femininen oder maskulinen Schreibweise. Wir versuchen, zwischen beiden Formen abzuwechseln, haben uns aber der Kürze wegen entschieden, jeweils nur eine Form zu benutzen; die Nichtgenannten sind immer mitgemeint.

Wir möchten eine Reihe von Vorschlägen und Empfehlungen an Beispielen verdeutlichen. Zum rascheren Auffinden sind diese **Beispiel-Texte** durch eine andere Schrift und einen grauen Balken markiert.

Was die Sprache, vor allem die Terminologie („mit einem solchen Ausdruck geht es schon los"), anbelangt: Wir haben uns bemüht, verständlich zu schreiben. Aber Wissenschaft – wie jedes andere Handwerk auch – kommt nun einmal nicht umhin, **Fachbegriffe** (= „Termini") zu gebrauchen. Fachsprache ist ein Mittel, um Sachverhalte und Erscheinungen möglichst präzis zu benennen und so bessere und schnellere Verständigung unter Fachleuten zu ermöglichen.

Spätestens wenn Sie einen Klempner um Rat fragen, wissen Sie, was Fachsprache ist. Auch wir benutzen Fachsprache. Wann immer wir der Auffassung waren, daß dieser oder jener Begriff bei unseren Lesern unklar sein könnte, haben wir eine „Übersetzung" geliefert.

Solche „Übersetzungen" sind nur sprachliche Einstiegs-Hilfen. Das kann in den sozial- und geisteswissenschaftlichen Fächern auch nicht anders sein. Jeder – uns noch so vertraute – Begriff wird „von der Wissenschaft" in je spezifischer Art definiert. Ob das nun der Begriff „Familie" oder der Begriff „Gruppe", ob es der Begriff „Wissenschaft" oder der Begriff „Lesen" ist: Es begegnen uns (in Wörterbüchern und Lexika) immer viele „Übersetzungen". Aber wer sich entschlossen hat, sich in seinem Studium der Sprache oder dem Menschen in seiner sozialen Eingebundenheit zu verschreiben, der muß wissen, daß das, was ihm die Wissenschaft liefert, immer nur Angebote (auf dem Markt der vielfältigen Erkenntnis- und Interpretations-Möglichkeiten) sind. Wahrheiten (aber damit begeben wir uns schon in das unwegsame Gebiet der Erkenntnis- und Wissenschafts-Theorie) sind hier nicht zu finden, sondern nur Sichtweisen. Sich dessen bewußt zu bleiben, bewahrt vielleicht vor mancher harten Erfahrung.

Abschließend noch ein Wort zu unseren **Literatur-Hinweisen.** Wann immer Ihnen im Buch das nebenstehende Symbol begegnet, finden Sie an dieser Stelle die Titelangaben der von uns zitierten Autoren bzw. in einigen Fällen auch Hinweise auf Publikationen, die uns in dem jeweiligen thematischen Zusammenhang lesenswert erscheinen.

Zu guter Letzt: **Georg Rückriem** hat das Manuskript mit großer Sorgfalt durchgesehen und uns viele nützliche inhaltliche und Gliederungs-Hilfen gegeben. Wir sind ihm dafür sehr dankbar.

Ebenfalls dankbar sind wir für kritische, ermutigende, konstruktive Rückmeldungen und Anregungen, die wir von Ihnen – unseren Leserinnen und Lesern – erhalten.

Berlin, 1994

Joachim Stary, Horst Kretschmer

Anderson, R. C.: Control of Student Mediating Processes During Verbal Learning and Instruction. Review of Educational Research 40, 1970, 3, S. 349 – 369

Baumann, M.: Lehrbuchtexte als Bedingung effektiven Lernens. In: Zur Psychologie der Lerntätigkeit. Berlin 1977, S. 360 – 371

Bettmann, O. L.: The Delights of Reading. Boston 1992

Bredenkamp, J.; Wippich, W.: Lern- und Gedächtnispsychologie. Bd. 2. Stuttgart 1977

Chrystal, D.: Die Cambridge Enzyklopädie der Sprache. Frankfurt am Main, New York 1993

Franck, N.; Rückriem, G.; Stary, J.: Methoden, Strategien und Verfahren der Bearbeitung wissenschaftlicher Texte und Themen aus dem Bereich der Weiterbildung. 2 Tle. Hagen, Fernuniversität – Gesamthochschule Hagen 1981 (Studienbriefe 3423/1/02/S1)

Lichtenberg, G. Chr.: Sudelbücher. Frankfurt am Main 1984

Lichtenberg, G. Chr.: Gesammelte Werke. Bd. 1, hg. von W. Grenzmann. Baden-Baden 1949 (zit. als Lichtenberg 2)

Rückriem, G.; Stary, J.; Franck, N.: Die Technik wissenschaftlichen Arbeitens. Paderborn u.a. 1994 (8. Aufl.)

1. Was man über Texte wissen sollte

Worum geht es im 1. Kapitel?

Wir machen Sie mit einigen Begriffen und grundlegenden Überlegungen bekannt, die den theoretischen Rahmen bilden für die zweckmäßige Anwendung von Techniken zum Umgang mit wissenschaftlichen Texten. Im einzelnen geht es um:

1.1 Textsorten
Die Kenntnis der verschiedenen Textsorten in ihrer besonderen Ausprägung ist deshalb wichtig, weil Sie dadurch zwei Fragen klären können: 1. Was ist von dem Text zu erwarten? – 2. Welche Verfahren des Umgangs mit ihm sind zweckmäßig?

1.2 Lesen – Verstehen – Lernen – Wissen
Hier werden Sie etwas über den Zusammenhang von Lesen, Sinndeutung, Lernen und Gedächtnis erfahren und Ihr Problembewußtsein für den Prozeß des Verstehens und den Aufbau von Wissensstrukturen schärfen.

1.3 Voraussetzungen des Lesens
Vorstufen und Vorüberlegungen zum Lesen werden hier erläutert und in ein System von Handlungsschritten integriert.

1.4 Wörter – Sätze – Argumente
In diesem Abschnitt sind einige Gedanken zur sprachlichen und argumentativen Struktur wissenschaftlicher Texte zusammengestellt, mit deren Hilfe kritisches Lesen in Gang gesetzt werden kann.

> *„Etwas wissenschaftlich behandeln, heißt, Ordnung zu stiften.*
> *Und Ordnung stiften wiederum heißt, in der Fülle des realen Einzelnen*
> *die Wiederkehr von etwas feststellen, was dieses Einzelne übergreift."*
>
> (Hans Hörmann)

1.1 Textsorten

Wissenschaftliche Texte gehören zur großen Gruppe der **Sach**texte, denen gemeinhin die **literarischen, ästhetischen** oder **fiktionalen** Texte gegenübergestellt werden. Dabei kann auch der Sachprosa ästhetische Qualität zugesprochen werden, auch sie bedient sich literarischer Stilmittel oder enthält Fiktionen (Metaphern, Hypothesen, nur vorgestellte Sachverhalte u. ä.). Umgekehrt finden wir in der Literatur genaueste Natur-, Orts- oder Personenbeschreibungen, detaillierte Vorgangsdarstellungen, die eine sorgfältige Beschäftigung des Autors mit der Realität erkennen lassen. Trotz dieser Überschneidungen ist die Aufteilung praktikabel, und für die Zielsetzung dieses Studienbuches bleibt festzuhalten, daß wissenschaftliche Texte als Sachtexte ihren Bezugspunkt in der Realität, realen Sachverhalten oder deren Erklärung und Deutung haben.

Neben dieser groben Zuordnung können die wissenschaftlichen Texte unter verschiedenen Aspekten weiter untergliedert werden. Ein eher äußerlicher, wenngleich für Autorin wie Leser nicht unerheblicher Unterscheidungsgesichtspunkt ist der der **Publikationsart.** Beispielsweise könnten Beschreibungen, Definitionen, Erläuterungen des Begriffs „Emanzipation" im Rechtschreibduden, in einem allgemeinen Fremdwörterbuch, in Fachwörterbüchern der Pädagogik, Soziologie, Philosophie u. ä. enthalten sein. Genauso lassen sie sich in Handbuchartikeln, Aufsätzen der wissenschaftlichen Fachzeitschriften sowie Monographien finden. Je nach Art und Absicht des Veröffentlichungs-Zusammenhangs wird eine derartige Begriffserklärung auch für den Leser höchst Unterschiedliches leisten. Ein allgemeines Begriffsverständnis kann zunächst das Fremdwörterbuch bereitstellen. Doch bereits dort wird unterschieden zwischen „Emanzipation = Verselbständigung" und „Emanzipation = Gleichstellung der Frau mit dem Mann". In einem Wörterbuch pädagogischer Grundbegriffe gehören dem Stichwort Emanzipation bereits vier Seiten, und in dem Buch „Erziehung und Emanzipation" von Klaus Mollenhauer wird der Begriff zum regulierenden Prinzip der Pädagogik überhaupt. Dieses Beispiel soll verdeutlichen, wie einerseits der Autor durch die unterschiedliche Publikationsart sein Begriffsverständnis veröffentlichen und verbreiten kann, wie andererseits der Leser je nach Erkenntnisinteresse zu unterschiedlichen Textformen greifen kann.

Der Vergleich der Publikationsarten führt zu einer anderen Differenzierung wissenschaftlicher Texte, nämlich der nach **Primär-, Sekundär- und Tertiärliteratur.** Doch selbst diese Termini haben in den Einzelwissenschaften unterschiedliche Bedeutung.

Im Bereich der Literaturwissenschaften zum Beispiel wird nur nach Primär- und Sekundärliteratur unterschieden. Als Primärliteratur gelten die einzelnen dichterischen Texte, als Sekundärliteratur die über sie entwickelten Interpretationen, Formuntersuchungen, Wirkungsanalysen. Einen weiteren Abstraktionsgrad streben biographische, Epochen- und Gattungsdarstellungen und schließlich Dichtungs- und Literaturtheorien an. Die Fülle dieser Sekundärliteratur bedeutet für Lehre und Studium ein erhebliches Problem und führt häufig dazu, daß die eigentlichen literarischen Texte überhaupt nicht oder nur als Belegmaterial für die Sekundärliteratur wahrgenommen werden.

> *„Meine Meinung zu Büchern war: Alle Bücher kann kein Mensch lesen, nicht mal alle sehr guten. Folglich konzentrierte ich mich auf zwei."*
> *(Edgar Wibeau in ‚Die neuen Leiden des jungen W.' von Ulrich Plenzdorf)*

Eine auf alle Wissenschaftsbereiche anzuwendende Einteilung hat Andreas
Jesse vorgeschlagen. Sie läßt sich tabellarisch wie folgt darstellen:

Informationsart	Informationsstatus		
	veröffentlicht	quasi-veröffentlicht	unveröffentlicht
primär (Original-Information)	Zeitungen Zeitschriften Fachbücher Tagungsberichte	Reports Patentschriften Vorabdrucke Dissertationen Habilitations-Schriften	Fachvorträge Briefwechsel Manuskripte
sekundär (geordnete Information über Primär-Information)	Referateblätter Bibliographien Verlagskataloge	Bibliotheks-kataloge Datenbanken	private Literatur-karteien
tertiär (grundsätzlich zusammen-fassende Information; Wissen),	Lehrbücher Handbücher Enzyklopädien Tabellenwerke	Daten-kompilationen	Vorlesungen Kurse

Neben den eher äußeren Merkmalen von Ort und Art der Veröffentlichung
kann man Texte auch im Hinblick auf innere Kriterien unterscheiden. Diese
ergeben sich, wenn man prüft, was der Verfasser mit seinem Text beabsichtigt,
wie der Text auf die Leserin wirkt und welchen Nutzen sie aus ihm ziehen
kann. Egon Werlich ist dieser Frage nachgegangen und hat die folgenden
fünf Texttypen herausgearbeitet.

1. Instruierende Texte

Instruierende Texte **leiten zum Handeln an.** Sie sind in der Alltagswelt als
Kochrezepte, Bedienungsanleitungen von Geräten, Straßenverkehrsordnung
u. ä. hinreichend bekannt. Im Bereich der Wissenschaft begegnen wir ihnen
ebenfalls, und zwar entweder als selbständige Einheiten oder als Teiltexte in
größeren Zusammenhängen. In einem Lehrbuch der Statistik heißt es beispielsweise: „Zunächst werden die Beobachtungen analog zum bisher
besprochenen Tabellenschema zusammengestellt, wenn das bei einem kleinen

n angebracht erscheint. Sonst zählen wir unmittelbar die *fxy* aus und setzen sie in eine Mehrfeldertafel ein." (Clauss, Günter; Ebner, Heinz: Grundlagen der Statistik für Psychologen, Pädagogen und Soziologen. Frankfurt am Main, Zürich 1971, S. 101)

2. Deskriptive Texte

Deskriptive Texte bzw. Textteile werden in allen Wissenschaften vorgelegt, wenn es darum geht, Erscheinungen der realen Welt präzise und differenziert zu **beschreiben.** Man kann sagen, daß mit Beschreibungen der Phänomene, mit dem Versuch des Menschen, durch Sprache „die Welt ins Eigentum des Geistes um(zu)schaffen" (Humboldt), Wissenschaft überhaupt beginnt. Beschreibungen unbekannter Regionen oder Kulturen, Beschreibungen von physikalischen Erscheinungen oder entsprechender Versuchsanordnungen, Beschreibungen gesellschaftlicher Zustände, Beschreibungen der Grammatik von Sprachen sind Grundlage der weiteren wissenschaftlichen Arbeit.

3. Narrative Texte

Diese große Gruppe der **erzählenden** Texte ist jeder Leserin aus dem Bereich der Literatur vertraut. Im Rahmen eines Sachtextes werden Vorgänge, Entwicklungen, Prozesse, die in der Zeit ablaufen, in Form des Berichts wiedergegeben. Dabei kann es durchaus sein, daß der Wissenschaftler hier auch die Grenze zur Literatur überschreitet. Er erzählt/berichtet von Erlebnissen auf seinen Expeditionen, bei der Forschungsarbeit im Labor, von Erfahrungen mit Versuchspersonen u.ä. Im Unterschied zu den ästhetischen Texten sind seine Geschichten aber tatsächlich geschehen und dienen nicht als Versatzstücke einer erdachten Welt, sondern als Material seines Erkenntnisprozesses. Die Leserin wissenschaftlicher Literatur oder der Hörer einer Universitätsvorlesung, in die solche narrativen Sequenzen eingebaut sind, empfindet diese Phasen als anregend, unterhaltsam und entlastend.

4. Expositorische Texte

Bei dieser Textart geht es um das **Erklären, Darlegen und Erörtern.** Es werden Begriffe bestimmt, Zusammenhänge erklärt, Theorien vorgestellt, erläutert und kommentiert. Oft werden die dargestellten Sachverhalte auch mathematisch gefaßt oder in Form von Tabellen, Diagrammen bzw. anderen graphischen Formen veranschaulicht. Auch die modellartige Vereinfachung komplizierter Prozesse gehört hierher.

5. Argumentierende Texte

Gemeinsam mit den expositorischen bilden die argumentierenden Texte den größten Teil wissenschaftlicher Texte. In dieser Textsorte setzt sich die Autorin mit anderen Wissenschaftlern auseinander. Sie **prüft** Positionen **kritisch, wägt**

ab, verweist auf andere Standpunkte, **begründet** die eigenen. Leserinnen und Leser, die am Anfang ihres Studiums stehen, empfinden diese Texte als besonders schwierig und abstrakt, weil von den Autoren oft viel Vorwissen vorausgesetzt wird bzw. die Darstellung sich an einen speziellen Kreis von Fachleuten wendet. Wir werden auf diese Schwierigkeit noch einmal in Kapitel 1.4 zu sprechen kommen.

Vorab jedoch schon ein **Textbeispiel** für Darstellung und Argumentation:

> „Comte gilt nicht nur als Vater der Soziologie, sondern auch als Begründer des philosophischen Positivismus. Sein erstes großes Werk, das in sechs Bänden zwischen 1830 und 1842 erschien, hieß in der Tat ‚Cours de Philosophie Positive'. Das Wort ‚positiv' wurde von Comte im großen und ganzen als Synonym für ‚wissenschaftlich' gebraucht, und darunter verstand er einen Wissenserwerb mit Hilfe von Theorien und empirischen Beobachtungen."

Der Autor stellt einen Wissenschaftler als Begründer der Wissenschaftsdisziplin dar, nennt dessen Hauptwerk und erläutert sein (Comtes) Begriffsverständnis von „positiv". Im weiteren Fortgang des Zitats erfolgt der Sprung von der Darstellung zur Argumentation.

> „Zu den merkwürdigen Entstellungen, die Comte betroffen haben, gehört die Vorstellung, daß er ein ‚Positivist' in diesem Sinne gewesen sei. Zuweilen macht man sich über diese naive Vorstellung des ‚flachen Positivismus' lustig. Wie kann man sich nur vorstellen, so fragt man, daß es möglich sei, zu beobachten, ohne bereits eine Theorie zu besitzen, die die Auslese der Beobachtungen und die Problemstellung, zu der man durch Beobachtungen die Antwort finden will, bestimmt. Niemand hat jedoch ausdrücklicher und konsequenter die Interdependenz von Beobachtung und Theorie als Kern aller wissenschaftlichen Arbeit betont als Comte selbst:
>
> *‚Denn wenn auf der einen Seite jede positive Theorie notwendigerweise auf Beobachtungen fundiert sein muß, so ist es auf der anderen Seite nicht weniger richtig, daß unser Verstand eine Theorie der einen oder anderen Art braucht, um zu beobachten. Wenn man bei der Betrachtung von Erscheinungen diese nicht unmittelbar in Beziehung zu gewissen Prinzipien setzen würde, wäre es nicht nur unmöglich für uns, diese isolierten Beobachtungen miteinander in Verbindung zu bringen, ... wir würden sogar völlig unfähig sein, uns an die Tatsachen zu erinnern; man würde sie zum größeren Teil nicht wahrnehmen.'*
>
> Die ständige Aufeinanderbezogenheit dieser zwei Denkoperationen, der zusammenfassenden theoretischen und der aufs einzelne gerichteten empirischen, gehört zu den Grundthesen Comtes."
> (Norbert Elias: Was ist Soziologie? München 1978, 3. Aufl., S. 33 f.)

Der Autor nennt jetzt andere wissenschaftliche Positionen und kritisiert deren Standpunkt als irrig, indem er mit dem Comte-Zitat als Begründung argumentiert.

Unsere Leserinnen und Leser werden die Erfahrung machen, daß die Texte, die ihnen während des Studiums begegnen, ähnlich wie das obige Beispiel, oft nicht eindeutig einer der beschriebenen Kategorien zuzuordnen sind. Das ist auch keineswegs ungewöhnlich, denn derartige Unterscheidungen können immer nur die ungefähre Tendenz der Textform angeben, und Überschneidungen bleiben dabei nicht aus.

Auch können innerhalb eines Textganzen verschiedene Textabschnitte enthalten sein, die eine unterschiedliche formale Ausprägung aufweisen. Dennoch ist es auch bei der Bearbeitung derartiger „Mischtypen" eine Hilfe, Lesegeschwindigkeit und Verarbeitungstiefe der jeweiligen Textsorte anzupassen.

Neben der groben Einteilung in Texttypen gibt es, geprägt durch den jeweiligen Verwendungszusammenhang, eine große Anzahl von Textformen, die ihre Bezeichnung entweder ihrer Funktion oder ihrer Publikationsweise verdanken. Das folgende Glossar der Textformen und Textelemente ist in dieser Zusammenstellung andernorts nicht zugänglich und kann Ihnen bei Bedarf sicher dienlich sein.

Manche Bezeichnungen werden heute nicht mehr oder nur selten gebraucht, andere – vor allem aus dem angloamerikanischen Sprachraum – sind hinzugekommen.

Dieses Glossar dient einmal der **Begriffs-Erklärung** und gibt darüber hinaus in der dritten Spalte Hinweise, zum Beispiel dazu,

❏ wie man mit den Textsorten umzugehen hat bzw. welchen Nutzen man aus ihnen ziehen kann,
❏ auf welches Studienfach sich die Textsorte bezieht,
❏ ob der Begriff nur noch historische bzw. im deutschen Sprachraum keine oder nur geringe Bedeutung hat; diesen Umstand kennzeichnen wir durch das Symbol ☞. Das Zeichen ➡ verweist auf einen anderen im Glossar erklärten Begriff.

Wir haben dort, wo es möglich war, ein Beispiel für den jeweiligen Begriff angeführt.

> *„Die Bücher sind vorzüglich; aber wenn wir durch den Umgang mit ihnen schließlich Heiterkeit und Gesundheit, unsere besten Stücke, verlieren: laßt sie uns weglegen."*
>
> *(Michel de Montaigne)*

Glossar: Textsorten (und einige Textelemente)

Abrégé	(frz.) Abriß; kurze prägnante Darstellung eines Wissenszweiges in überschaubarer Form	👎
Abstract	(engl.) Zusammenfassung; v. a. in Zeitschriften den einzelnen Aufsätzen entweder vorangestellt oder im Heft hinten angeführt	vermittelt einen raschen Überblick über die Themen- bzw. Problemstellung und die wichtigsten Ergebnisse
Almanach Beispiel: *Soziologischer Almanach. Handbuch gesellschaftlicher Daten und Indikatoren.* *3. Aufl. Frankfurt am Main, New York:* *Campus 1979*	ursprünglich (astrologisch-astronomischer) Kalender; heute v. a. Verlags-Almanach (= Verlags-Verzeichnis mit Leseproben der Neuerscheinungen und Mitarbeiter-Aufsätzen) oder Fachgebiets-Almanach (z. B. Psychologie- oder soziologischer Almanach)	Fachgebiets-Almanache geben einen Überblick über die im Buchhandel erhältliche Literatur zum Fach; sie enthalten u. U. noch weitere wichtige Informationen (z. B. Anschriften von Berufsverbänden)
Annalen Beispiel: *Annalen der Gesellschaft für dialektische Philosophie.* *Hg. von H. Holz. Köln:* *Pahl-Rugenstein* *1986 ff.*	(lat.) Jahrbücher; chronologische Darstellung historischer Verläufe	für Historikerinnen

Anthologie	(griech., „Blumenlese"); Sammlung unter bestimmten Gesichtspunkten ausgewählter Gedichte und Erzählungen, aber manchmal auch philosophischer und wissenschaftlicher Prosa	für Literaturwissenschaftler
Beispiel: *Anthologie der Abseitigen. Das klassische Lesebuch der Moderne. Texte von Rousseau, Jarry, Hardekopf, Klee, Picasso, Ball u. a. Hg. von C. Giedion-Welker. Zürich: Die Arche 1965*		
Apologie	(lat.) Rechtfertigung; Rede oder Schrift zur Rechtfertigung oder Verteidigung einer Person, Meinung, Handlung, Institution gegenüber Angriffen (v. a. in der juristischen und religiösen Literatur)	für Juristinnen, Theologen
Beispiel: *Platon: Apologie des Sokrates. Stuttgart; Reclam o. J. (= UB 8315)*		
Appendix	(lat.) Anhang eines Buches; enthält in der Regel Tabellen, Statistiken, Anmerkungen, Quellen, Karten u. ä.	
Bericht	Es gibt verschiedene Berichtsarten (Geschäfts-, Praktikums-, Jahres-B. usw.). Berichte informieren und legen in der Regel Rechenschaft darüber ab, wer, was, mit welchem Ziel, in welchem Zeitraum, mit welchem Ergebnis gemacht hat. Typische Elemente eines Berichts sind: Situations-Analyse, Chronologie	
Beispiel: *Berichtsystem Bildung – Beschäftigung – Endbericht. Hg. von Bundesminister für Bildung und Wissenschaft. Bad Honnef: Bock 1981*		

	der Tätigkeit, Darstellung der Ergebnisse, Dokumentation (Muster, Werkstücke, Belege, Statistiken, Tabellen usw.)	
Bibliographie Beispiel: *Bibliographie der deutschsprachigen psychologischen Literatur. Hg. von J. Dambauer. Frankfurt am Main: Klostermann 1971 ff.*	(griech.) Verzeichnis von Literatur-Nachweisen; unverzichtbare Werkzeuge wissenschaftlicher Arbeit. Es können unterschieden werden: Abgeschlossene und laufende (= in regelmäßigen Abständen erscheinende) Bibliographien	Sie sollten sich auf jeden Fall einen Überblick über die für Ihr Fach wichtigsten Bibliographien verschaffen. In Bibliotheken sind Bibliographien nicht verstreut, sondern zumeist an *einem* Standort versammelt.
Brevier Beispiel: *Friedrich Nietzsche: Brevier. Hg. von W. Kraus. Zürich: Diogenes 1987 (= detebe 21550)*	(lat.; Breviarium) ursprünglich Gebetbuch; Sammlung wichtiger Stellen aus den Werken eines Dichters; kurzes Verzeichnis	☞
Bulletin Beispiel: *Bulletin de la Société international de défense sociale. Proceedings of the V. Symposium on Social Defense. Wuppertal, March 1984. Pfaffenweiler: Centaurus 1986*	(frz.) ursprünglich: Tagesbericht; heute (a) Bestandteil im Titel zahlreicher Periodika, (b) allgemein für amtliche Verlautbarung	

Chrestomatie Beispiel: *Lewin, Bruno: Japanische Chrestomatie von der Nara-Zeit bis zur Edo-Zeit. Wiesbaden: Harrassowitz 1965*	(griech., „Erlernen des Brauchbarsten") Sammlung vor allem prosaischer Texte für den Schulgebrauch	🖑 Vorläufer des modernen Lesebuchs; für Sprach- und Literaturwissenschaftlerinnen
Chronik Beispiel: *Chronik eines Zusammenbruchs. Der „heiße" Herbst 1989 und seine Folgen für die Staaten des Warschauer Paktes. Hg. von R. Weiss. Berlin: Dietz 1990*	(griech.) zeitlich geordnete Darstellung historischer Ereignisse; im Unterschied zu den ➡ Annalen (sollte) die Chronik nicht die einzelnen Jahre, sondern größere Zeiträume abbilden.	
Diarium Beispiel: *Hauptmann, Gerhart: Diarium 1919 – 1933. Berlin: Propyläen 1980*	(lat.) Tagebuch	🖑
Diegese Beispiel: *Pfeiffer, Rudolf: Die neuen Diegeseis zu Kallimachosgedichten. München: Bayerische Akademie der Wissenschaften 1934*	(griech.) weitläufige Erzählung (Lebensbeschreibung, Inhaltsangabe)	🖑
Digest Beispiel: *Digest of Case-Law of the European Convention on Human Rights. Köln: Heymann 1984 ff.*	(engl.) ursprünglich: Sammlung von juristischen Schriften und Gerichtsentscheiden; heute: Sammlung von zumeist schon veröffentlichten Texten in gekürzter Form	

Diskurs	(lat.) allgemein: Abhandlung, Erörterung; aber in der wissenschaftlichen Literatur differenzierter gebraucht; z.B. kennzeichnet der Philosoph Jürgen Habermas mit diesem Begriff die Auseinandersetzung um die Suche nach den Geltungsansprüchen wissenschaftlicher Behauptungen	mittlerweile zum Modewort degradierter Begriff; kaum jemand, der nicht einen Diskurs wünscht, anstrebt usw. (wird häufig mit „Diskussion" verwechselt)
Beispiel: *Der Diskurs des Radikalen Konstruktivismus. Hg. von S. Schmidt. Frankfurt am Main: Suhrkamp 1986*		
Dissertation	(lat.) selbständige, schriftliche, wissenschaftliche Arbeit über ein umgrenztes Thema zur Erlangung der Doktor-Würde	Dissertationen bieten der Leserin u. a. einen Überblick über den Erkenntnis-Stand zu einem (meist recht kleinen) Thema.
Dokumentation	(lat.) allgemein: Sammlung, Erschließung, Ordnung und Bereitstellung von Dokumenten (Büchern, Zeitschriften, Aufsätzen, Briefen, Akten, Bildern, Filmen, Kritiken usw.); im besonderen: kommentarloser Abdruck von Dokumenten nach bestimmten (chronologischen oder inhaltlichen) Gesichtspunkten für wissenschaftliche Forschung	ein sehr weiter und häufig unbedacht gebrauchter Begriff
Beispiel: *Dokumentation deutschsprachiger Verlage. 10. Aufl. München: Olzog 1989*		

Enzyklopädie Beispiel: *Enzyklopädie Philosophie und Wissenschaftstheorie. Hg. von J. Mittelstraß. 3 Bde. Mannheim: Bibliographisches Institut 1980 ff.*	(griech.) umfassende und übersichtliche Darstellung des theoretischen und praktischen Wissens einer Zeit oder eines Wissensgebietes/Faches	Enzyklopädien leisten das, was die Lehrenden an Hochschulen heute leider immer weniger zu leisten in der Lage sind: Sie geben einen Überblick über das Fachgebiet; sie orientieren in der „Breite" des Faches, nicht in der „Tiefe" seiner vielen Einzeldisziplinen. Deshalb sind sie für Studienanfänger wichtig.
Epitext	(griech.) Texte, die im Anschluß an ein Buch entstanden sind (z.B. Kritik, Rezension, Interview, Selbstkommentar)	☜ ; ein Begriff, der im Deutschen kaum verwendet wird.
Essay Beispiel: *Thorwirth, Wolfgang R.: Essays zur Sinnfrage. Was heißt „christlich"? Frankfurt am Main: Rita Fischer 1983*	(engl./frz.) kürzere Abhandlung über einen wissenschaftlichen Gegenstand, eine aktuelle Frage des geistigen, kulturellen oder sozialen Lebens in geistreicher und ästhetisch anspruchsvoller Form; kennzeichnend: die bewußte Subjektivität der Auffassung	Diese literarische Textsorte ist unter diesem Namen in der deutschsprachigen Wissenschaft heute selten anzutreffen. In der Regel begegnet man „Aufsätzen", Arbeiten, die sich mit ihrem Gegenstand nur „ernsthaft", selten geistreich und ästhetisch anspruchs- voll auseinandersetzen.
Exkurs Beispiel: *Soziologische Exkurse. Hg. vom Institut für Sozialforschung. Frankfurt am Main: EVA 1991*	(lat.) in einer wissenschaftlichen Abhandlung eine selbständige und in sich geschlossene, als Anhang beigefügte oder in den Text eingeschobene kürzere Abschweifung	Wird heute in schriftlichen wie mündlichen Auslassungen unkritisch gebraucht zu allerlei überflüssigen, selbstgefälligen, seitenfüllenden Darlegungen.

Exposé	(frz.) kurzer Entwurf zur Erläuterung einer Situation oder eines Planes; dient als Diskussionsgrundlage	Im Gegensatz zu den deutschen Begriffen „Entwurf", „Plan" und dem lateinischen „Konzept" markiert „Exposé" eher Offenheit und Kreativität.
Exzerpt Beispiel: *Marx, Karl; Engels, Friedrich: Exzerpte und Notizen bis 1842. Berlin: Dietz 1976*	(lat.) ein Auszug bestimmter Aspekte oder des Wesentlichen eines Buches oder Aufsatzes in eigenen Worten oder wortwörtlich zum Zwecke des Lernens	Früher war dies **das** Verfahren zur Aneignung von Texten. Heute wird weniger exzerpiert, dafür mehr fotokopiert und mit bunten Stiften unterstrichen. Wir brechen eine Lanze für das alte Verfahren in Kapitel 3.2.
Festschrift Beispiel: *Festschrift für Gerhard Ritter. Hg. von R. Nürnberger, Tübingen: Mohr 1950*	Gelegenheitsschrift anläßlich eines bestimmten Ereignisses, besonders als Ehrung zum Geburtstag für einen hochbetagten Wissenschaftler von seinen Fachkollegen erstellt; enthält neben der Würdigung des Wissenschaftlers auch wissenschaftliche Beiträge zu Spezialfragen des Fachgebietes	
Glosse	(griech., „Sprache, Zunge"), heute zumeist polemischer Kurzkommentar in Tageszeitungen	

Glossar Beispiel: *Glossar zur BID-Infor-matik. Ein Nachschla-gewerk für die Aus- und Fortbildung im Biblio-theks-, Informations- und Dokumentations-bereich. Berlin: Deut-sches Bibliotheksinsti-tut 1982*	(griech.) alphabetisch geordnetes Wörter-(Begriffs-)Verzeichnis (wie zum Beispiel die-ses)	Begriffs-Verzeichnisse sind informativ!
Handbuch Beispiel: *Handbuch der empiri-schen Sozialforschung. Hg. von R. König. 15 Bde. Stuttgart: Enke 1967 ff.*	Zusammenfassung (-stellung) wesentlicher Erkenntnisse und Ge-genstände einer Wissen-schaft oder eines Spezi-algebietes einer Wissen-schaft	Sie geben in der Regel einen Überblick über die grundlegenden Frage-/ Problemstellungen einer Disziplin und sind inso-fern als Einstieg wichtig!
Hardcover	(engl.) Buch mit einem festen Einband, in Le-der oder Leinen gebun-den (im Unterschied zum → Paperback)	
Impressum	(lat.) Druckvermerk des Verlags zumeist auf der Rückseite der inneren Titelseite; enthält: Er-scheinungsjahr, Aufla-genzahl, Copyright (©), ISBN, Hinweise auf die bei der Herstel-lung beteiligten Firmen u. ä.	Das Impressum gibt wichtige Auskünfte über ein Buch. Die wichtig-sten sind das Erschei-nungsjahr und die Auf-lagenzahl. Sie sollten sich – v. a. bei beabsich-tigt kritischer Auseinan-dersetzung – bemühen, stets die neueste Auflage heranzuziehen.
Index	(lat.) Inhalts-Verzeich-nis oder alphabetisches Stichwort-, Sach- und Namens-Register	Ein nützliches Hilfs-mittel, um sich rasch in Büchern zu informieren

Jahrbuch Beispiel: *Jahrbuch für Amerika-studien. Heidelberg: Winter 1956 ff.*	periodisch erscheinen-de Veröffentlichung be-stimmter Institutionen mit Aufsätzen, For-schungsberichten, → Bibliographien u. ä. zu einem bestimmten Forschungsgebiet	
Kollektaneen	(lat., „Lesefrüchte") Sammlung von Zitaten aus verschiedenen Wer-ken verschiedener Au-toren	☜
Kolumne	(lat., „Säule") Mei-nungs-Artikel eines Autors; K. erscheinen regelmäßig auf einer be-stimmten Seite in einer bestimmten Spalte ei-ner Tageszeitung	
Kolportage	(frz.; „col" = Nacken, „porter" = tragen) auch „Hintertreppen-Roma-ne" genannt; häufig an-onym verfaßte, von Lite-raturwissenschaftlern gering geschätzte Mas-senware	der Begriff (auch das Verb „kolportieren") sind durchweg negativ besetzt (im Sinne von „billiger, wertloser Lite-ratur")
Kommentar Beispiel: *Kommentar zum Schwerbehindertenge-setz. Hg. von B. Wie-gand. Stand: Juni 1989. Wiesbaden: Chmielorz 1989*	(lat.) umgangssprach-lich „Bemerkung"; in der *Rechtswissenschaft* die Auslegung eines Ge-setzes; im *Pressewesen* die persönliche Stel-lungnahme, Bewertung aktueller Ereignisse; *allgemein:* die Erläute-rung eines Textes bzw. Stellungnahme dazu	für Juristen für Publizistinnen und für alle anderen

Kompendium Beispiel: *Kompendium der Betriebswirtschaftslehre.* *Hg. von U. Bestmann.* *5. Aufl. München:* *Oldenbourg 1990*	(lat., „Ersparnis, Abkürzung") ➜ Handbuch; zumeist kürzer; zum Zwecke des Lernens (v. a. des Memorierens)	Diese Textsorte ist in üppigem Umfang in den Naturwissenschaften und in der Medizin anzutreffen.
Kompilation	(lat., „zusammenstoppeln") Zusammenstellung mehrerer wissenschaftlicher Quellen	☜; der Begriff wird heute kaum mehr verwendet. Sind ältere Bücher als „K." bezeichnet, so handelt es sich in der Regel um Quellen-Sammlungen zu einem bestimmten Fachgebiet.
Konvolut	(lat.) Sammelband; mehrere in einem Einband gebundene oder auch nur zusammen verkäufliche Bücher, Schriften usw.	☜
Marginalien	(lat.) gedruckte oder eigenhändig angebrachte Randbemerkungen neben einem Text	
Miszellen Beispiel: *Balzer, Friedrich: Miszellen zur Geschichte des deutschen Protestantismus. Marburg:* *VAB/BU-GRIM 1990*	(lat.) vermischte Schriften, kleine Beiträge und Aufsätze vermischten Inhalts, zu verschiedenen Werken eines Autors, besonders in wissenschaftlichen Zeitschriften .	☜

Monographie	(griech.) in sich geschlossene, möglichst umfassende Darstellung eines einzelnen wissenschaftlichen Gegenstandes, eines speziellen Problems	
Nomenklatur Beispiel: *Nomenklatur der Veranstaltungen, Dienste und Einrichtungen der Altenhilfe. Stuttgart: Kohlhammer 1983*	(lat.) Namens-, Sachoder Stichwort-Verzeichnis, Liste oder Gesamtheit der Fachausdrücke einer Wissenschaft	☝
Paratext	(lat.) Begleittext zu einem literarischen Werk (Titel, Vorworte, Widmungen, Anmerkungen usw.)	☝ ; ein Begriff, der im Deutschen kaum verwendet wird
Paperback	(engl.) Buch mit einem beweglichen (weichen) Karton-Einband (im Unterschied zum → Hardcover oder zum Leinenband)	
Prolegomena Beispiel: *Scherer, Bernd M.: Prolegomena zu einer einheitlichen Zeichentheorie. Tübingen: Stauffenburg 1984*	(griech.) Vorbemerkungen, Vorrede, Vorwort, Einführung in die Ziele und Absichten eines Textes; aber sehr oft auch im Sinne von – „Einführung in" – „Überlegungen zu ..." – „Vorstudien zu ..." gebraucht	☝

Protokoll	(griech./lat.) Niederschrift einer Verhandlung, einer Diskussion, eines Ereignisses im Verlauf und/oder im Ergebnis	In Seminaren noch immer und u. E. zu Recht eine übliche Praxis, Diskussions-Ergebnisse und -Verläufe festzuhalten.
Reallexikon Beispiel: *Reallexikon der Vorgeschichte. Hg. von M. Ebert. 15 Bde. Berlin: de Gruyter 1924–1932*	(lat.) Sachwörterbuch	👎
Referat	(lat.) schriftliche Arbeit über ein bestimmtes Thema, die mündlich vorgetragen wird	Die Textsorte, die in Seminaren am häufigsten anzutreffen ist und für die der Referent in der Regel einen „Schein" erhält. Ein Referat ist zumeist eine Mischform aus Wiedergabe des Inhalts anderer Texte und persönlicher Stellungnahme.
Referateblatt – Zeitschrift	→ Bibliographie, Unterschied: die Titel werden inhaltlich kurz referiert	→ Bibliographie
Repetitorium Beispiel: *Repetitorium für Kunstwissenschaft. 52 Bde. Berlin: de Gruyter 1969 (Nachdr. Der Ausg. von 1876–1919)*	(lat.); wissenschaftliches Sammelwerk (Kompendium) als methodisch-übersichtliche Zusammenfassung eines bestimmten, meist geschichtlich oder systematisch geordneten Stoffes für die Zwecke des Nachschlagens und Memorierens	→ Kompendium

Reportage Beispiel: *Kisch, Egon E.: Reportagen, Stuttgart: Reclam o. J. (= UB 9893)*	Bericht in Form einer Mischung aus Tatsachen und Beurteilungen und Interpretationen	für Publizisten und Literaturwissenschaftlerinnen
Rezension	(lat.) Buchbesprechung, Textkritik	Rezensionen der wissenschaftlichen Literatur werden erfaßt in: *Internationale Bibliographie der Rezensionen (IBR) wissenschaftlicher Literatur. Jg. 1971-1988 (jrl. 6 Bde.) Osnabrück: Dietrich*
Rubrik	(lat., „ruber" = rot); im engeren Sinne „Überschrift"; bezogen auf Zeitschriften eine ständige Einrichtung für bestimmte Themen; z. B. Leserbriefe, ➡ Rezensionen, aktuelle Nachrichten, Kurzbeiträge	
Summary	(engl.) ➡ Abstract	
Supplement	(lat.) Ergänzungs-, Nachtragsband eines mehrbändigen Werkes	☜
Synopsis Beispiel: *Weber, Werner; Jahn, Werner: Synopse zur Deutschlandpolitik 1941-1973. Göttingen: Schwartz 1973*	(griech.) Zusammenstellung, vergleichende Übersicht mehrerer Texte zu einem Gegenstand, Problem	

Thesaurus Beispiel: *Thesaurus Pädagogik.* *2. Aufl. München: Saur* *1982*	(griech.) Wort- oder Wissensschatz; Bezeichnung für ein umfassendes Wörterbuch als Sammelwerk aller Wörter einer Sprache oder einer Fachsprache	
These(-npapier)	(griech., „Setzung") Behauptung; ein Satz, der des Beweises bedarf; ein Thesen-Papier soll zumeist eine Diskussion entfachen, anregen	
Traktat Beispiel: *Albert, Hans: Traktat* *über kritische Vernunft.* *5. Aufl. Tübingen: Mohr* *1991*	(lat.) Abhandlung über ein Problem des geistigen, kulturellen oder allgemeinen Lebens; Darstellung eines Sachverhalts in meist tendenziöser Absicht	☞
Vademecum Beispiel: *Vademecum deutscher* *Lehr- und Forschungs-* *stätten (VDLF). Stät-* *ten der Forschung. 9.* *Aufl. Stuttgart: Raabe* *1989*	(lat.) allgemein: Taschenbuch, Ratgeber, Wegweiser	☞

Jesse, A.: Information systematisch gewinnen. Reinbek 1975
Wilpert G.v.: Sachwörterbuch der Literatur. Stuttgart 1979 (6. Aufl.)

1.2 Lesen – Verstehen – Lernen – Wissen

Die lineare Anordnung in der Überschrift erweckt den Eindruck, es handle sich dabei um einen folgerichtigen Ursache-Wirkungs-Prozeß. Dies ist natürlich nicht der Fall, und Kognitionspsychologie und kognitive Linguistik weisen immer wieder darauf hin, daß es noch längst keine umfassende Theorie des Textverstehens gibt und nur in Ansätzen und Ausschnitten erklärt werden kann, was beim Lesen, beim Verstehen und beim Aufbau von Wissen im Menschen eigentlich geschieht. Dennoch liegen eine ganze Reihe von Forschungsergebnissen vor, deren Kenntnis nützlich ist, um das eigene Verhalten bei der Bearbeitung wissenschaftlicher Texte beobachten und besser steuern zu können. Einige dieser Befunde sollen an einem Beispiel aus der Alltagswelt erläutert werden.

Wir lesen den Satz: *„Den Nachmittag verbrachte ich mit Gartenarbeiten."*

Wie können wir ihn verstehen? Wann ist Nachmittag? Nach dem Mittag, nach dem Mittagsschlaf? Vor dem Abend? Wie lang ist der Nachmittag? Wie lange wurde also gearbeitet? An welchem Tag liegt der besagte Nachmittag? Unter der Woche oder am Wochenende? – In welcher Jahreszeit? Wer ist das Ich? Frau – Mann –, alt – jung, kräftig – schwach? Was sind Gartenarbeiten? Früchte ernten (Baumfrüchte oder Erdfrüchte?)? Pflanzen setzen? Okulieren? Umgraben? Säen? Düngen? Wässern? Unkraut jäten? Rasen mähen? Vertikutieren? Hecke schneiden? Laub harken? – Um was für einen Garten handelt es sich? Nutzgarten – Ziergarten? Vorgarten – Hausgarten. Schrebergarten? Welche Größe hat er? Mit welchen Geräten welchen technologischen Standards wird die Gartenarbeit betrieben? Handmäher – Maschinenmäher (Elektro-/Benzinmotor)? – Gießkanne – Schlauch – Sprenger? – Was heißt »verbringen«? Unlustig – mit Vergnügen?

Dieser Katalog ließe sich noch um viele Fragen erweitern. Umfang, Differenzierung und Terminologie der Fragestellung hängen offensichtlich vom Weltwissen bzw. von den Fachkenntnissen des Lesers ab. Einschränkungen und Spezifizierungen ergeben sich aus den unterschiedlichen Bedeutungen, mit denen die verschiedenen Elemente der Aussage gefüllt werden. Denkt man sich das Ich als alte, schwache Frau, dürfte handbetriebenes Vertikutieren eher unwahrscheinlich sein. Liegt der Nachmittag jahreszeitlich im Frühjahr, gibt es keine Baumfruchternte, liegt er im Winter, ist Rasenmähen nicht anzunehmen. Dies würde aus Lärmschutzgründen auch für einen Sommersonntagnachmittag gelten. Neben den Einschränkungen und Schlußfolgerungen, die sich aus der Vorstellungswelt des Lesers herausbilden, gibt es auch solche, die aus dem Textzusammenhang, der Textsorte und der Textintention folgen, der unser Beispielsatz entnommen wurde. Ist er Teil eines privaten Briefes, einer Zeugenaussage in einem Polizeibericht, vielleicht sogar Alibi-Behauptung eines Angeklagten im Gerichtsprotokoll, oder findet sich der Satz in einem fiktionalen Text, z. B. einem Roman. Welche Sätze gehen ihm voraus, welche folgen ihm?

So entsteht ein immer dichteres Netzwerk von Bedingungen, Voraussetzungen, Vermutungen, Schlußfolgerungen, die zum Verstehen dieses Satzes aktiviert und herangezogen werden. Der Satz, seine Umgebung und seine Zugehörigkeit zu einem Text fungieren als Auslöser und veranlassen den Leser zur Aktivierung seines Weltwissens, seiner Vorkenntnisse, seiner Denkfähigkeit und schließlich zur Produktion von Bedeutung.

Was läßt sich nun aus unserem Beispiel für den Prozeß des Lesens und Verstehens abstrahieren?

❑ Jeder Leser geht zunächst mit der Einstellung an die Textwelt, daß sie grundsätzlich Bedeutung hat, verstehbar und zusammenhängend ist.

❑ Die vom Text ausgehenden Reize aktivieren im Leser Elemente und Konzepte seines Vor- und Weltwissens. Mit deren Hilfe bildet er aufsteigend Hypothesen und konstruiert einen Bedeutungsentwurf. Mit diesem wendet er sich wieder absteigend dem Text zu, prüft, vergleicht, findet Bestätigung oder verwirft und entwickelt neue Hypothesen.

❑ Bei diesem Verfahren macht der Leser Voraussetzungen, er schlußfolgert, er baut seine Vorstellungen aus, er reduziert und abstrahiert sie, er verändert die Perspektive.

❑ Alle diese Denkhandlungen, dieser Wechsel von Analyse-/Synthese-Prozessen dienen dem Zweck, Zusammenhang und Sinn herzustellen. Dabei hat der Leser die Neigung, Unstimmigkeiten und Widersprüche zu beseitigen oder gar zu ignorieren und dementsprechend auch Leerstellen auszufüllen.

❑ Die Wissensbestände, die er dazu aktiviert, sind im Langzeitgedächtnis geistig repräsentiert in verschiedenen Formen (die entsprechende Fachliteratur spricht von Konzepten, Schemata, Rahmen, Skripten, Plänen, Geschichtengrammatiken).

❑ Die unterschiedliche individuelle Ausprägung von Vor- und Weltwissen und ihre mentale Repräsentanz führen zu unterschiedlichen Graden des Umfangs und der Tiefe der Verarbeitung im Leseprozeß. Verarbeitungstiefe und -dauer haben dann auch Folgen für die Speicherung im Langzeitgedächtnis . (Sie können ja einmal prüfen, liebe Leserin/lieber Leser, ob die lange Beschäftigung mit unserem Textbeispiel aus der Alltagswelt Spuren hinterlassen hat. Welche Tätigkeiten erinnern Sie denn noch unter dem Oberbegriff „Gartenarbeiten"?)

„Eine Regel beim Lesen ist die Absicht des Verfassers und den Hauptgedanken sich auf wenig Worte zu bringen und sich unter dieser Gestalt eigen zu machen. Wer so liest ist beschäftigt, und gewinnt, es gibt eine Art von Lektüre wobei der Geist gar nichts gewinnt, und viel mehr verliert, es ist das Lesen ohne Vergleichung mit seinem eigenen Vorrat und ohne Vereinigung mit seinem Meinungs-System."
(Georg C. Lichtenberg, S. 321)

Der wechselseitige Zusammenhang von **Lesen, Sinndeutung, Lernen und Gedächtnis** ist keine neue Erkenntnis, und er hat in verschiedenen Wissenschaftsbereichen schon früher eine wichtige Rolle gespielt. Gedächtniskunst (Mnemotechnik) und Auslegungs-/Deutungskunst (Hermeneutik) waren in der Antike zentrale Elemente der rhetorischen Schulung (Gerichtsrede/ Politische Rede). Das Schaffen, Wiedererkennen, Deuten von Zeichen, Bildern und bildhaften Vorstellungen dient der Erinnerungs- wie der Verstehensleistung in gleicher Weise. Auf die Hermeneutik als eine zentrale Methode des Textverstehens werden wir im Kapitel 2.2 ein wenig näher eingehen.

Eine von der Kognitionspsychologie (das ist eine „Richtung" der Psychologie, die sich mit der menschlichen Informations-Verarbeitung beschäftigt) in den letzten Jahren unter dem Namen **Metakognition** ausgearbeitete Strategie zum Verstehen, Verarbeiten und Behalten von Texten soll im folgenden Abschnitt vorgestellt werden.

Mit Metakognition ist das Nachdenken des Menschen über sein eigenes Denken, sein Wissen, seine Lernfähigkeit, seine geistige Aktivität gemeint. Jeder hat eine Vorstellung davon, was er auf bestimmten Gebieten weiß, wie er dieses Wissen einsetzen kann, wie er seinem Vergessen entgegenwirken kann. Diese Fähigkeit, neben sich zu stehen, sich beim Lesen, Lernen, Denken zuzuschauen, gilt es bewußt leistungsfördernd einzusetzen. Welche Tätigkeiten der Selbstreflexivität, der Selbstdiagnose und der Selbstregulation werden nun beim Wissenserwerb durch Lesen im einzelnen aktiviert?

	Leser	Text
Metaverständnis	Was weiß ich? Was weiß ich nicht? Was sollte ich wissen? Welche Fragen muß ich stellen? Welches Ziel strebe ich an?	Welche Textsorte? Welche Textintention? Welcher Entstehungs- zusammenhang? An welche Leser wird gedacht? Welches Abstraktionsniveau wird deutlich?
Vorhersage	Mit welchen Schwierig- keiten werde ich rechnen müssen? Auf welches Anspruchsniveau sollte ich mich einstellen? Wieviel Zeit werde ich benötigen?	Welchen Umfang hat der Text? Wie ist er gegliedert? Liegt mir der Sprachstil? Ist er mir vertraut oder fremd? Verhältnis Form-Inhalt?
Planung	Auf welchen Wegen, in welcher Reihenfolge will ich vorgehen? Welches sind meine Teilschritte? Wie hoch ist mein jeweiliger Zeitbedarf? Wie kann ich Ablenkungen oder Störungen überwinden?	Welche voraus- schauenden oder zusammenfassenden Textteile, welche Kapitel lese ich zuerst, welche folgen? Wie nutze ich typographische Markierungen? Wie dokumentiere ich mein Textverständnis (exzerpieren, zusammen- fassen, paraphrasieren, kommentieren, visualisieren)? Welche Hilfsmittel setze ich ein (Lexika, Handbücher etc.)?
Auswertung	Wie vollziehe ich den kognitiven Prozeß? Entspricht er Planung und Zielsetzung? Wie ist das Ergebnis zu beurteilen?	Habe ich die zentralen inhaltlichen Aussagen erkannt und in ihrem Zusammenhang verstanden? Welche Korrekturen muß ich vornehmen?

Die zentrale Form dieser metakognitiven Strategien ist die Selbstbefragung. Die entwickelten Fragen müssen in ihrer wechselseitigen Abhängigkeit, in ihrer Angemessenheit, aber auch in ihrer Begrenztheit abgewogen werden. Daß es entscheidend von der Fragestellung abhängt, welche Antworten man erhält, soll das folgende ironisch gemeinte Beispiel illustrieren:

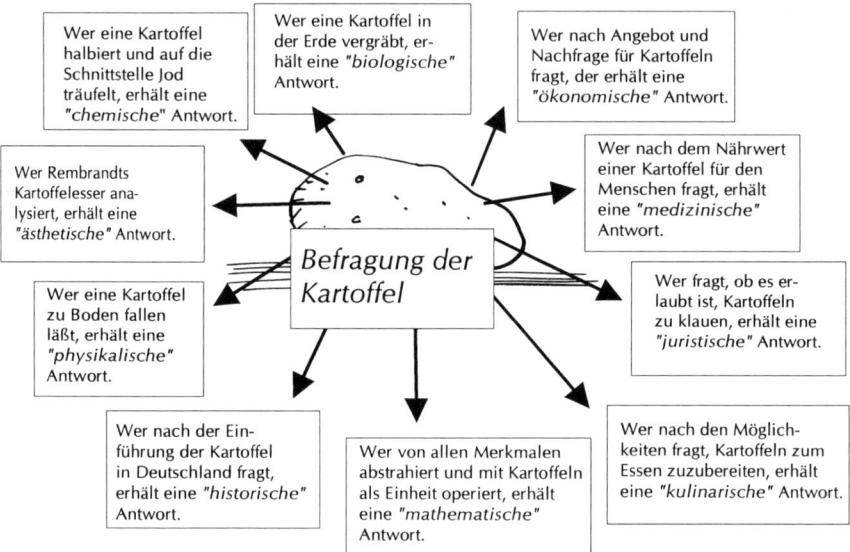

Wer eine Kartoffel halbiert und auf die Schnittstelle Jod träufelt, erhält eine "chemische" Antwort.

Wer eine Kartoffel in der Erde vergräbt, erhält eine "biologische" Antwort.

Wer nach Angebot und Nachfrage für Kartoffeln fragt, der erhält eine "ökonomische" Antwort.

Wer Rembrandts Kartoffelesser analysiert, erhält eine "ästhetische" Antwort.

Wer nach dem Nährwert einer Kartoffel für den Menschen fragt, erhält eine "medizinische" Antwort.

Befragung der Kartoffel

Wer eine Kartoffel zu Boden fallen läßt, erhält eine "physikalische" Antwort.

Wer fragt, ob es erlaubt ist, Kartoffeln zu klauen, erhält eine "juristische" Antwort.

Wer nach der Einführung der Kartoffel in Deutschland fragt, erhält eine "historische" Antwort.

Wer von allen Merkmalen abstrahiert und mit Kartoffeln als Einheit operiert, erhält eine "mathematische" Antwort.

Wer nach den Möglichkeiten fragt, Kartoffeln zum Essen zuzubereiten, erhält eine "kulinarische" Antwort.

Erweitert nach einer Idee von Wolfgang Memmert „Didaktik in Grafiken und Tabellen". Bad Heilbrunn 1991 (4. Aufl.), S. 42

Wie sich diese metakognitiven Strategien anwenden lassen, welche konkreten Operationen die Leser vollziehen müssen, um Verstehen und Behalten von Texten als Aufbau einer Makrostruktur zu leisten, veranschaulichen wir genauer im Kapitel 3.2.

Versuchen wir nun, die Verbindung herzustellen zwischen den vorstehend erläuterten Beschreibungen des Leseprozesses und den allgemeinen Schwierigkeiten, die beim Lesen und Verarbeiten wissenschaftlicher Texte immer wieder auftreten.

Es werden vorwiegend genannt:

Von *Studierenden:*

❏ Ich habe keine Lust zum Lesen.

❏ Ich verstehe nicht – oder nicht vollständig –, was ich lese (Lexikon, Syntax, Abstraktion, Inhaltsbezug).

❏ Ich kann nicht mit eigenen Worten wiedergeben, was ich gelesen habe.

❏ Ich kann mir den gelesenen Stoff nicht einprägen.

Von *Lehrenden:*

❏ Texte werden überhaupt nicht gelesen.

❏ Nur prüfungsrelevante Literatur wird gelesen.

❏ Die Studierenden bereiten sich auf die Lehrveranstaltungen nicht vor, auch nicht beim Einsatz von Diskussionsfragen.

❏ Texte werden nicht tief genug verarbeitet, das Wesentliche wird nicht erkannt.

❏ Anlage und Präsentation von Referaten über Texte sind schlecht (zu ausführlich, zu eng an der Vorlage).

❏ Die Studierenden bevorzugen Vorträge, keine Diskussionen.

Es lohnt sich – gerade auch angesichts der Klagen der Lehrenden – etwas genauer zu betrachten, welches denn die Anlässe im Studium sind, in denen Textarbeit erforderlich ist. Erst danach lassen sich Ansätze zur Bewältigung der Schwierigkeiten beider Personengruppen aufzeigen.

1. Im Zusammenhang mit der Ankündigung und Kommentierung einer Lehrveranstaltung wird Literatur genannt, deren Lektüre als Aufnahmebedingung gefordert bzw. dringend empfohlen wird. Zuweilen orientiert sich eine derartige Veranstaltung dann auch in den einzelnen Sitzungen an einer solchen Basisliteratur und dem entsprechenden Lesefortschritt der Teilnehmer.

2. Im Rahmen von Grund- und Einführungskursen wird fotokopiertes Lesematerial ausgegeben, das als Basiswissen für spätere Seminardiskussionen fungieren soll.

3. Einzelnen Studenten oder Studentengruppen werden Texte zugewiesen, über die sie zusammenfassend in der Lehrveranstaltung referieren sollen.

4. Begleitend zu Vorlesungen oder Seminaren werden von den Veranstaltern Hinweise auf Literatur zur vertiefenden und ergänzenden Arbeit gegeben. (Dies zuweilen in Form von Literaturlisten, deren Umfang eher einschüchternd als motivierend wirkt).

5. Für Hausarbeiten ist vorgegebene, empfohlene oder selbst gewählte Literatur auszuwerten.

6. Zur Bearbeitung der wissenschaftlichen Texte, die in den Fällen 1. bis 5. gelesen werden müssen, ist weitere (Hilfs-)Literatur heranzuziehen (Quellen, Kommentare, Lexika, Wörterbücher).

> *„Ein fleissiges Litteraturstudium aber kann dem Studierenden nicht*
> *genug empfohlen werden. Die Litteratur ist die halbe Gelehrsamkeit.*
> *Sie eröffnet ihm die Quellen des Wissens, bewahrt ihn vor Fehlgriffen*
> *und unnützem Abmühen in dem, was bereits bearbeitet und*
> *vorhanden ist, erhält ihn auf der Höhe der Zeitbildung und giebt dem*
> *ganzen Studium seine Umsicht und innere Sicherheit. Daher muss auf*
> *eine gründliche und ausgebreitete Literaturkenntniss, sowohl seiner*
> *Haupt- und Hülfswissenschaften, das Streben des Studierenden um so*
> *mehr gerichtet sein, als sich ihm auf der Universität die Mittel dazu*
> *reichlicher als meistens im späteren Berufsleben darbieten.*
>
> *Es ist die Pflicht der akademischen Lehrer, in ihren Vorlesungen über*
> *jede Doctrin eine Charakteristik ihrer Litteratur zu geben ... Jeder*
> *Studierende muss ein zweckmässiges Handbuch über die Litteratur*
> *seiner Wissenschaft sich verschaffen und dasselbe fleissig benutzen;*
> *er soll sich aber nicht damit begnügen, die Titel der Werke allein zu*
> *wissen, sondern dieselben so viel wie möglich aus Autopsie kennen*
> *lernen, und dazu fleissig die öffentlichen Bibliotheken ..., so wie auch*
> *die Läden der Buchhändler und Antiquare benutzen."*
>
> *(Carl Kirchner, S. 132 f.)*

Welche Hilfen erhalten Studierende nun, um diese Leseaufgaben zu bewältigen? Wie werden sie motiviert? Welche Strategien werden ihnen empfohlen? Wie werden Neugier, kognitive Konflikte, Wissensdrang stimuliert? Wie wird Vorwissen mit einbezogen? Auf welche Schwerpunkte werden sie hingewiesen? Welche Fragestellungen, welche Suchraster werden nahegelegt? Zu welchen Hilfsmitteln wird geraten?

In vielen Fällen geschieht nichts dergleichen, die Lehrenden gehen davon aus, daß die Qualifikation zur Bearbeitung wissenschaftlicher Texte in der gymnasialen Oberstufe erworben wurde und damit Teil einer allgemeinen Studierfähigkeit ist und die Bereitstellung der fotokopierten Literatur doch schon ein besonderer Service sei. Für entlegene oder schwer greifbare bzw. angesichts der Massenuniversitäten stets ausgeliehene Literatur ist diese Hilfe auch nicht zu unterschätzen. Aber das Stichwort Fotokopie markiert auch Fehlentwicklungen. Dozenten sehen sich nicht mehr genötigt, selbst Texte zu ihren Veranstaltungen zu verfassen, sondern bedienen sich der gedruckt vorliegenden Materialien, die ihren Lehrabsichten am nächsten kommen.

Auch Kommentierungen oder Leitfragen zu dem ausgegebenen Fremdmaterial sind eher die Ausnahme. Studenten glauben, mit dem Besitz der Fotokopie und ihrer Einordnung in die richtige Abteilung der Materialsammlung auch die geistigen Inhalte zu besitzen oder sich jederzeit aneignen zu können. Der früher durch die Notwendigkeit des Exzerpierens „erzwungene" erste Zugriff auf den „Stoff", der oft zu Neugier, Irritation, Fragen führte und schon so ganz funktional zur Bearbeitung motivierte, erste Spuren im Gedächtnis zog, zu Nachfragen bei Kommilitonen und Dozenten führte, entfällt heute meist – mit ihm dann oft das Lesen überhaupt. Auch die Kommunikation zwischen Lehrenden und Lernenden über die wissenschaftlichen Texte und die Ziele der Bearbeitung scheint seltener geworden zu sein.

So sind die eingangs genannten Beobachtungen und Schwierigkeiten von Lehrenden und Lernenden bei der Textarbeit die sich entsprechenden beiden Seiten der Medaille „anonyme Massenuniversität" in einer durch Informationsüberflutung gekennzeichneten, sich rasch verändernden Welt. Was man als Studierender dennoch tun kann, um vor der rasch wachsenden Fülle wissenschaftlicher Literatur nicht zu resignieren und sich nicht ausschließlich durch Klausur- und Prüfungsdruck zum Lesen und Lernen nötigen zu lassen, soll in den Kapiteln 2 bis 4 vorgestellt werden.

1.3 Voraussetzungen des Lesens

Eine typische, jedes Semester wiederkehrende Situation für Studenten ist die Durchsicht der Veranstaltungsankündigungen für das kommende Semester und die Auswahl von Seminaren und Vorlesungen. Um die Entscheidung für eine Lehrveranstaltung zu erleichtern, geben viele Fachbereiche sogenannte „Kommentierte Vorlesungsverzeichnisse" heraus. Diese enthalten neben „technischen" Angaben Erläuterungen zu den Zielen und Inhalten des Seminars, zur zeitlichen Gliederung, zur Organisationsform, den Leistungsanforderungen und eventuell den Zulassungsbedingungen. Oft wird auch vorbereitende oder Basis-Literatur angegeben. Besonders weitsichtig ist der Kommentar angelegt, wenn er auch Angaben darüber enthält, welche inhaltlichen Anforderungen der Studien- und Prüfungsordnung die Lehrveranstaltung abdecken soll. Fehlen derartige Hinweise, müssen die Studierenden selbst nach diesen Texten greifen.

Im folgenden **Beispiel** stellen wir einen derartigen Veranstaltungskommentar vor und bringen ihn anschließend in Zusammenhang mit den geltenden Studien- und Prüfungsordnungen.

> „Seminar: Max Weber: Wissenschaft als Beruf (Textseminar)
> In diesem Seminar wird ein knapper Schlüsseltext von Max Weber über die Prinzipien der modernen Wissenschaft interpretiert. Es handelt sich also einerseits um ein wissenschaftstheoretisches Seminar, andererseits um einen Lektürekurs, in dem die Interpretation eines sehr komplexen Textes geübt werden soll. Herangezogen werden dazu weitere Aufsätze zur Wissenschaftslehre von Max Weber. Im Mittelpunkt wird das Prinzip der Werturteilsfreiheit der Sozialwissenschaften stehen, das von Weber für die moderne Wissenschaft überhaupt paradigmatisch begründet worden ist. Teilnahmebedingung: Anschaffung und intensive Lektüre von ‚Max Weber Schriften zur Wissenschaftslehre'. Billigste Ausgabe: Reclam UB 8748, 18,– DM."

Der Veranstalter charakterisiert das Seminar mit „wissenschaftstheoretisch", „Lektürekurs" und im Titel zusätzlich durch „Textseminar". Damit spricht er zwei verschiedene Ebenen an. „Wissenschaftstheoretisch" meint die Inhaltsebene, dies wird verstärkt durch den thematischen Hinweis: „Im Mittelpunkt wird das Prinzip der Werturteilsfreiheit der Sozialwissenschaften stehen". „Lektürekurs, in dem die Interpretation eines sehr komplexen Textes geübt werden soll", markiert die Methodenebene. Was genau unter „intensive Lektüre" als Vorbereitung auf einen Lektürekurs zu verstehen ist, läßt der Kommentar offen.

Studien- und Prüfungsordnung von Magister- und Diplomstudiengang im Bereich Erziehungswissenschaft liefern den Bezugspunkt für dieses Seminar:

Eine der vier Studienrichtungen der **Allgemeinen Erziehungswissenschaft** ist „Wissenschaftstheorie und Forschungsmethoden (Einführung in die *Wissenschaftstheorie*, Empirische Methoden, Grundlagen der Statistik, Historisch-hermeneutische *Methoden*)". Auch hier begegnet uns der inhaltsbezogene wie der methodische Aspekt. Magister-/Diplomstudenten der Erziehungswissenschaft treffen also eine durchaus zweckmäßige, für Studium wie Prüfung gleichermaßen funktionale Entscheidung, wenn sie das angebotene Seminar wählen. Lehramtsstudenten könnten dies gleichfalls tun, denn ihr erziehungswissenschaftlicher Teilstudiengang sieht als Studien- **und** Prüfungsbereich „Pädagogisches Handeln und wissenschaftliche Theoriebildung" vor. Unter dieser Abteilungs-Überschrift findet sich die oben zitierte Lehrankündigung.

Um die Teilnahmebedingungen zu erfüllen, ist jetzt also nur noch Kauf und intensive Lektüre (?) vonnöten. Die Forderung nach intensiver Lektüre ist ähnlich unpräzis und genauso wenig hilfreich wie die Aufforderung, das Wesentliche des Textes herauszuarbeiten. Die Identifizierung des sogenannten Wesentlichen hängt nicht nur vom Text, sondern in gleichem Maße vom Vorwissen, der Fragestellung und der Zielsetzung jedes Lesenden ab. Den potentiellen Seminarteilnehmern wäre bei ihrer Vorbereitung sehr geholfen, hätte der Veranstalter durch präzisierende Arbeitsaufträge den Leseprozeß gesteuert.

Etwa: *Unter welcher Fragestellung, auf der Basis welcher Kriterien soll der Text gelesen werden? – Welche Lesestrategien sollen angewendet werden (wiederholtes Lesen, Markieren, Nachschlagen von Begriffen)? – Welche Hilfsmittel werden empfohlen? – Zu welchem Ergebnis soll die Lektüre führen (Entwicklung von Teilthemen oder anwendungsorientierten Fragestellungen, Diskussionsbeiträgen, Thesenpapieren o. ä.)?*

Unser zweites Beispiel aus dem Universitätsalltag bezieht sich auf eine andere Vorstufe des Lesens. Häufig ergibt sich die Situation, daß für eine Seminarsitzung als Vorbereitung ein aktueller Fachzeitschriften-Beitrag zu lesen ist.

Einem Aufsatz, der einen Überblick über den aktuellen Forschungsstand zu Fragen der Textverarbeitung geben will, ist das folgende Abstract vorangestellt:

„Das Lesen von Texten
Udo Günther, Hans Strohner, Eva Terhorst

Abstract

Das Lesen von Texten ist einer der wichtigsten Forschungsgegenstände der Textverarbeitungsforschung. Es handelt sich dabei um eine praxisorientierte Forschung, die darüber hinaus den Vorzug besitzt, über eine differenzierte Theorie und eine solide empirische Basis zu verfügen.

Die Prozesse beim Lesen können unterteilt werden in Prozesse der Decodierung, der semantischen Integration und der Lösung von Verstehensproblemen. Viele Studien zur Decodierung zeigen, daß die sprachliche Form
der Textinformation eine größere Rolle spielt, als ihr zunächst von den eher
semantisch orientierten Textverarbeitungstheorien zugewiesen wurde. Die
Forschung zur semantischen Integration zeigt, daß weder die aufsteigen-
den (vom Text zum Konzept) noch die absteigenden Prozesse (vom Konzept
zum Text) die Verarbeitung dominieren, sondern diese interaktiv regeln. Die
Untersuchungen zu den Verstehensproblemen weisen auf die Bedeutung
der strategischen Reanalyseprozesse hin.

Das Lernen beim Lesen ist das langfristige Nebenprodukt der im Arbeitsgedächtnis ablaufenden Prozesse. Das Arbeitsgedächtnis besitzt eine
begrenzte Kapazität, was eine hohe Effizienz der Verarbeitungsprozesse
erfordert. Das langfristige Lernen beim Lesen hängt ab von Text, Leser und
Situation. Wichtige Einflußgrößen des Textes sind seine Sequenzierung,
Zusammenfassungen, thematische Vorstrukturierungen, Überschriften und
Fragen zum Text. Relevante Merkmale des Lesers sind sein Wissen über die
im Text angesprochenen Themen, sein Sprachwissen und nicht zuletzt sein
Interesse, seine Meinungen und Einstellungen. Die situativen Merkmale
umfassen kulturelle Einflüsse und den Handlungszusammenhang der
Lesehandlung."
(Aus: Bielefelder Beiträge zur Sprachlehrforschung, Jahrgang 15 (1986),
Heft 1 und 2, S. 8 - 42).

Diese Zusammenfassung soll dem Leser einen allgemeinen Verständnis-
rahmen bieten und die Schwerpunkte der folgenden Darstellung markieren.
Untersuchen wir genauer, welche Informationen ein Studienanfänger entnehmen kann und welche Fragen man sich im Hinblick auf den gesamten Text
stellen kann.

Der erste Absatz dient einer Kurzcharakteristik des Forschungsgebietes
und der Einbettung des Themas darin. Die Aussagen sind zum Teil wertend
(*wichtigsten, Vorzug, differenzierte, solide*) und textimmanent nicht nach-
prüfbar.

Im zweiten Absatz werden drei verschiedene Prozesse beim Lesen unterschieden, zu denen Forschungsergebnisse vorliegen: 1. Decodierung (Ent-
schlüsselung), 2. semantische Integration (bedeutungsmäßige Einordnung),
3. Lösung von Verstehensproblemen. Für den Laien nicht gleich verständlich
dürften die *auf- und absteigenden Prozesse* und die Wörter *Konzept* sowie *stra-
tegische Reanalyseprozesse* sein. Sie müssen als noch zu klärende Fragen bei
der Lektüre des gesamten Textes aufgegriffen werden. Im dritten und längsten
Absatz wird das Thema Lernen beim Lesen angesprochen. Syntaktisch wie in
der Wortwahl bieten die Aussagen dieses Abschnitts wohl kaum Verständnisschwierigkeiten.

Mit der folgenden Skizze haben wir versucht, Begriffe, Aussagen und Zusammenhänge aus der vorangestellten Zusammenfassung zu visualisieren. Eine derartige optische Darstellung kann es dem Leser erleichtern, Rahmen und Struktur des folgenden Aufsatzes zu durchschauen, eigene Fragestellungen zu entwickeln und sich die relevanten Informationen einzuprägen.

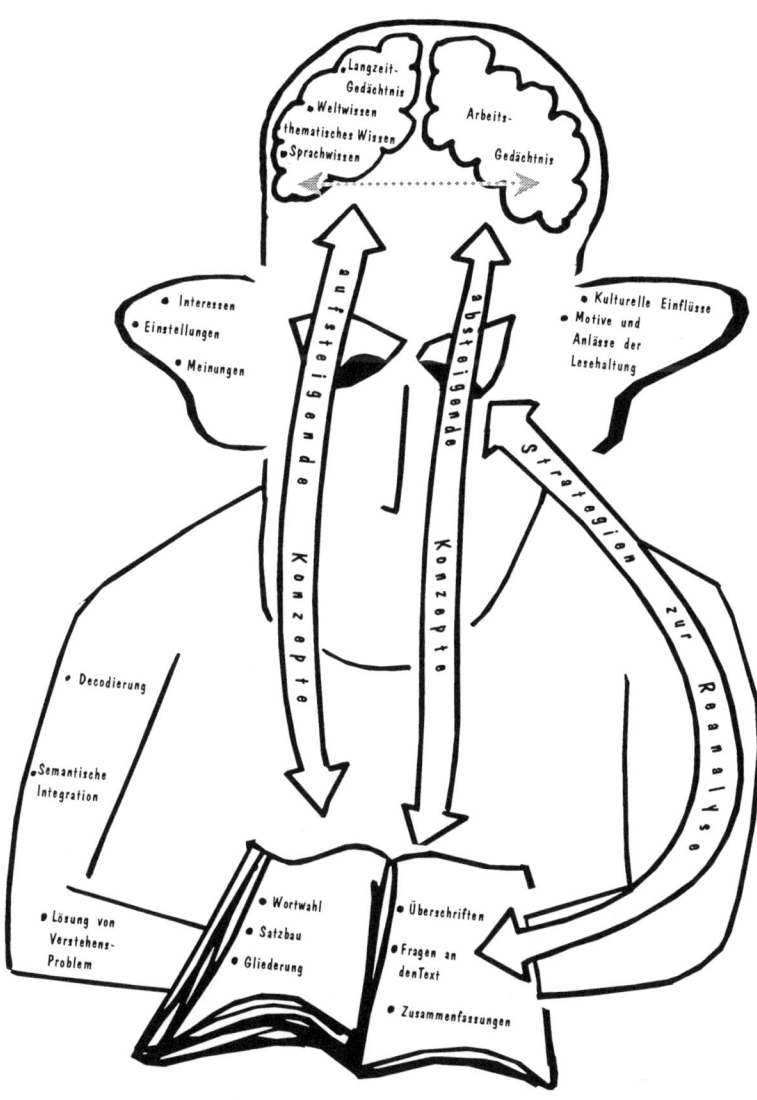

Unsere vorstehenden Beispiele haben gezeigt, daß der Griff zu einem Buch oder einer anderen wissenschaftlichen Publikation nicht voraussetzungslos, nicht ohne eine Vorgeschichte erfolgt. Im folgenden Abschnitt sollen die Vorstufen des Leseprozesses dargestellt und erörtert werden.

Das Buch oder der Aufsatz besteht nicht nur aus dem fortlaufenden Text, sondern enthält eine Reihe von Zusatztexten und Zeichen, die als Verstehenshilfen genutzt werden können. Es sind dies:

Haupttext	Nebentext
Titel, Widmung	Buchumschlag
	Klappentext
Vorwort, Einleitung	Verlagsankündigung, -prospekt
	Rezensionen
Inhaltsverzeichnis	Selbsterklärungen des Autors
	Kommentierungen, Bezug-
	nahmen
Kapitel-Überschriften	in anderen Texten und Medien
	Zitierungen
Zwischen-Überschriften	öffentliche/private Empfehlung
Zusammenfassungen	**Typographie**
Anmerkungen/Fußnoten	
Bilder/Tabellen/Motti	Schriftgröße/Schriftart
Schlußbemerkung, Nachwort	Schriftauszeichnung (kursiv,
Literaturverzeichnis	fett, gesperrt, Versalien)
Sachregister	Absätze
Namensregister	Einrahmungen
Abkürzungsverzeichnis	Einfärbungen
Glossar	Schattierungen

Gerard Genette hat – allerdings auf literarische Texte bezogen – unter dem Begriff **Paratexte** eine Untersuchung all jenes „Beiwerks" aus Texten vorgenommen, „die zwar zum Buch, aber nicht eigentlich zum Werk gehören, sondern dieses wie mit einem Vorhof umgeben und es dem Leser nahebringen sollen, bevor er es tatsächlich kennt". (S. 2). Genette zählt zu den Paratexten jedoch nicht nur die in der obigen Aufstellung unter **Nebentexten** genannten Formen, sondern auch Name des Autors, Titel, Zwischentitel, Vorwort, Anmerkungen. Seine These: „Das paratextuelle Beiwerk beeinflußt ... die Art und Weise unserer Rezeption, ohne daß wir uns dessen bewußt sind" (S. 2). Unsere Vermutung: Auch beim Lesen und Verstehen wissenschaftlicher Texte ist das aus den Elementen von Haupttext, Nebentext und Typographie gebildete System wechselseitiger Verweisung wirksam und sollte vom Leser aktiv und kritisch genutzt werden. Dazu die folgenden Hinweise:

Klappentext, Verlagsprospekt, Vorwort, Nachwort sind Fundstellen, in denen etwas über die Absichten und Ziele des Autors zu erfahren ist. Auch über Entstehungsmotive, Arbeitszusammenhang, Forschungsbereich wird hier meist informiert.

Ein Beispiel aus dem Vorwort des Buches „Texte verstehen, Texte gestalten" von Ballstaedt u. a. soll dies verdeutlichen:

> „Das Buch entstand innerhalb des Hauptbereichs Forschung am Deutschen Institut für Fernstudien (DIFF) an der Universität Tübingen, der von Prof. Mandl geleitet wird. Dort ist ein Forschungsschwerpunkt ‚Lernen mit Texten' angesiedelt, dem die Autoren dieses Buches angehören. Das DIFF hat als textproduzierendes Institut großes Interesse an Problemen der Textgestaltung, der Textevaluation und der Gestaltung von selbstgesteuerten Lernprozessen. Innerhalb des Forschungsschwerpunkts wird das Lernen mit längeren wissenschaftlichen Texten unter Bezug auf die oben aufgeführten Forschungsrichtungen untersucht..." (S. 6)

Diese Darstellung vermittelt dem Leser, daß er mit diesem Buch auf eine aktuelle Forschungsquelle kompetenter Wissenschaftler mit starkem pragmatischen Bezug (DIFF) gestoßen ist.

Der thematische Bereich, über den der Leser etwas erfahren möchte, repräsentiert sich im Verlauf einer ersten raschen Durchsicht am ehesten in den Begriffen von *Buchtitel, Kapitel- und Zwischenüberschriften.* Eine gute Verständnishilfe und zugleich Kontrolle, ob die Überschrift mehr verspricht, als die inhaltliche Darstellung dann hält, ist das Aufsuchen der Überschriften-Begriffe im Sachregister. Dieses und die Kapitel-Untergliederung geben Hinweise auf den Differenzierungsgrad.

Die wesentlichen, spezifisch neuen Informationen eines Buches erschließen sich oft schon bei einem überfliegenden Blick in die komprimierenden Textteile wie Einleitung, Schlußbemerkung und Zusammenfassungen. Dabei kann die Leserin dann prüfen, ob das Buch mit ihren Fragestellungen übereinstimmt, ob es über oder unter ihrem Kenntnisstand liegt. Gleichzeitig läßt sich ein Eindruck vom Stil der Darstellung gewinnen. Ist sie klar, deutlich gegliedert, gleichzeitig stoff- und leserbezogen, einladend? Oder wirkt sie trocken, langweilig, abweisend?

Beim Durchblättern und Anlesen einzelner Kapitel kann man feststellen, ob sie in sich abgeschlossene Einheiten darstellen, die sich gleichsam als Bausteine auch unabhängig vom Gesamtzusammenhang lesen lassen. Dabei hängt es von Erfahrung, Vorwissen und Fragestellung des jeweiligen Lesers ab, wie informationsfördernd die geschilderten Operationen ausfallen.

Um die Bedeutsamkeit von Textmaterial für das eigene Lernen rasch zu prüfen, haben Rückriem; Stary; Franck (1977, S. 154) das folgende Flußdiagramm entwickelt:

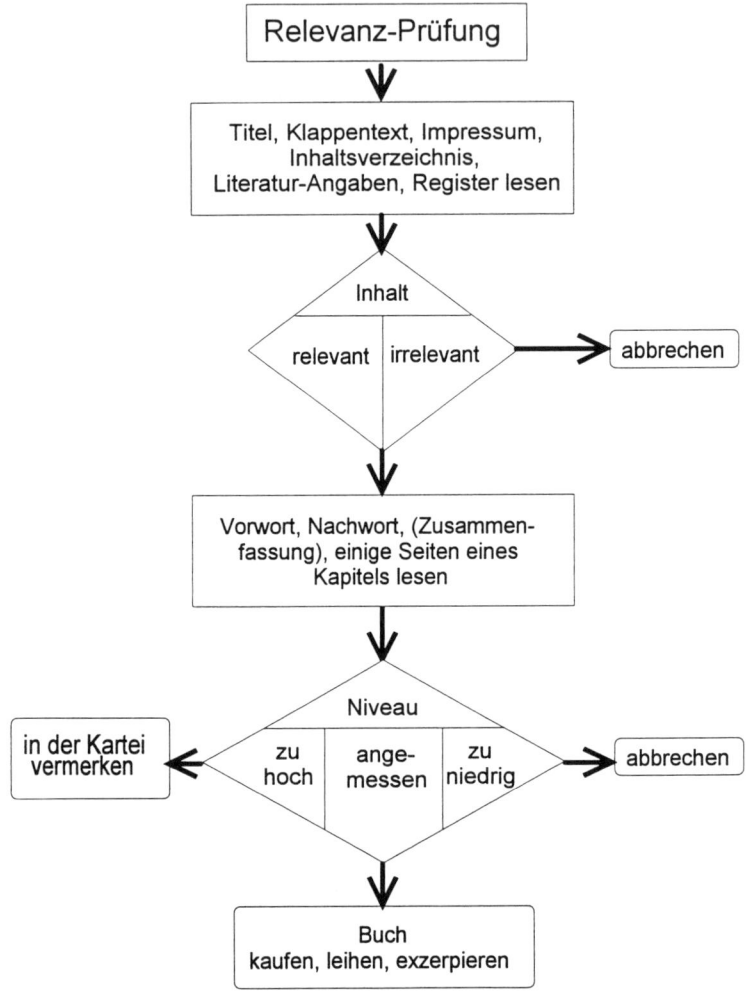

Diese, einen raschen Überblick verschaffende Leseweise wird als **kursorisches Lesen** bezeichnet. Führt sie zu einer positiven Bewertung des Lesegutes, schließt sich eine gründliche und längerdauernde Durcharbeitung des Textes an, das eigentliche studierende Lesen. Es ist durch mehrfaches Lesen und schriftliche Auseinandersetzung mit dem Text gekennzeichnet und wird von uns ausführlich in den folgenden Kapiteln beschrieben.

Ist man über ein Gebiet schon recht gut informiert und sucht nur bestimmte Informationen, spricht man vom **selektiven Lesen**.

Will man prüfen, was verschiedene Autoren zu einem Thema sagen, um Positionen, Aspekte und Erkenntnisstand gegeneinander abzuwägen und zu eigenen Schlußfolgerungen zu gelangen, ist **gründliches vergleichendes Lesen** erforderlich.

Zu den Vorstufen des Lernprozesses gehört es auch, sich eine Reihe von Fragen zu stellen:

❏ Was weiß ich schon über das Thema? (Evt. Kurz- oder Überblicksinformation aus Lexika oder Handbüchern ermitteln)

❏ Was will ich über das Thema wissen? (Ergänzung, Vertiefung, neuester Forschungsstand, Zusammenfassung)

❏ Was weiß ich über den Verfasser? (Fachmann im Themenbereich, Position als Wissenschaftler, wissenschaftstheoretische Richtung u. ä.)

❏ Welcher Art ist mein Leseauftrag bzw. meine Leseabsicht?

❏ Welche Leseziele verfolge ich? (Orientierung über ein Thema, Material für Referat oder Hausarbeit, Diskussions- oder Prüfungswissen)

„Zwei Absichten muß man bei der Lektüre beständig vor Augen haben, wenn sie vernünftig sein soll. Einmal die Sachen zu behalten und sie mit seinem System zu vereinigen, und dann vornehmlich, sich die Art eigen zu machen, wie jene Leute die Sachen angesehen haben, das ist die Ursache warum man jedermann warnen soll keine Bücher von Stümpern zu lesen, zumal wenn sie ihre Räsonnements einmischen, man kann Sachen aus ihren Kompilationen lernen, allein was einem Philosophen ebenso wichtig, wo nicht wichtiger ist, seiner Denkungs-Art eine gute Form zu geben lernt er nicht."   *(Georg C. Lichtenberg, S. 164)*

1.4 Wörter – Sätze – Argumente

In unseren Vorbemerkungen haben wir bereits auf das Problem der Fachterminologie hingewiesen und für unsere Ausführungen bei Bedarf „Übersetzungen" versprochen. Es geht aber beim Umgang mit wissenschaftlicher Literatur nicht nur um einzelne Fachbegriffe und deren Verständnis, sondern oft sind auch deren Verknüpfungen in Sätzen und deren Verkettungen zu argumentierenden Texten schwer verständlich. Dazu die folgenden Hinweise.

Wörter

Wörter sind Grundeinheiten der Sprache, kleinste selbständige Bedeutungsträger, Bausteine des Satzes. Im Rahmen des Alltagswortschatzes verfügt die Mehrheit der Sprachbenutzer über die Kenntnis der konventionalisierten Wortbedeutungen. So gelingt auch in den meisten Fällen die Kommunikation. Es gibt aber in den Bedeutungsgrenzen der Wörter erhebliche Unschärfen, die deutlich werden, wenn man das Lexikonwort (= Lexikoneintrag), das Wort als Element des individuellen Registers (= Wortbedeutung im Verständnis eines einzelnen Sprechers/Schreibers) und das Textwort (= Wort als Teil einer Wortgruppe oder eines Satzes in einem Kontext) unterscheidet. Hinzukommt, daß der historische und aktuelle Prozeß der Sprachentwicklung zum Untergang, zur Bedeutungsveränderung und zur Neubildung von Wörtern beiträgt.

Zum Beispiel das Wort „lesen":

❏ Der *Lexikon-Eintrag* bietet uns auch die Interpretation „sammeln" (Ähren, Beeren, Trauben) an.

❏ Im *individuellen* Register (also der unterschiedlichen Wortbedeutung der Benutzer) dürfte weitgehend Übereinstimmung bestehen.

❏ Als *Textwort* (also Wort in einem Kontext) kann es wieder zu Mißverständnissen kommen. So zum Beispiel, wenn jemand über ein Gerät sagt, es könne Bilder mit einer Auflösung bis zu 256 Graustufen lesen. Hier ist offensichtlich nicht mehr von einem lesenden Menschen, sondern einer „lesenden Maschine" (in unserem Beispiel von einem „Scanner") die Rede.

Dieser Bedeutungsvielfalt und -unschärfe der natürlichen Sprache begegnen die Wissenschaften mit dem Versuch, ihre Begrifflichkeit präzise zu definieren oder auf andere Zeichen (z. B. Symbole der formalen Logik oder bestimmte Diagramm-Arten) auszuweichen. Für den Umgang mit wissenschaftlicher Literatur empfiehlt sich deshalb die Benutzung eines entsprechenden Fach-/Sach-Wörterbuches (der Philosophie, Soziologie, Psychologie, Linguistik usw.). Hier werden historische und aktuelle Bedeutungen der Fachtermini erläutert und auch Hinweise auf den Gebrauch bestimmter Begriffe bei einzelnen Autoren gegeben.

Zur Erhöhung der allgemeinen Sprachsensibilität hinsichtlich der „Welt in den Wörtern" raten wir, die Neuausgabe des

Deutschen Wörterbuchs der Gebrüder Grimm (Band 1 – 33), München 1984 (dtv)

zur Hand zu nehmen. Die verarbeiteten vielfältigen Textbeispiele unterschiedlicher historischer Epochen unterstützen die Tatsache, daß Wörter und ihre Bedeutungen in Begriffs- und Handlungszusammenhängen erworben werden. Tritt ein Wort in einem wissenschaftlichen Text auf, wird im Leser ein ganzer Rahmen, ein ganzes Feld anderer Wörter mit aktiviert. Diese Aktivierung wird um ein Vielfaches bereichert durch die ergänzende Lektüre eines Wörterbucheintrages im Fach- und/oder Allgemeinwörterbuch. Zwar mag der nach Ordnung und Eindeutigkeit suchende Leser durch die Fülle des Angebots sich zunächst überfordert fühlen, gleichzeitig werden aber auch geistige Kräfte aktiviert, viele Assoziationen ausgelöst, die den Prozeß des Verstehens und Behaltens vertiefen.

Zur Veranschaulichung soll die empfohlene Methode am Wort und Begriff **Arbeit** beispielhaft vorgeführt werden; wir stellen die verschiedenen Bedeutungs-Schwerpunkte fest:

(a) die Definition des Begriffs aus umgangssprachlicher Perspektive
(b) die Herkunftsgeschichte des Begriffs
(c) die Definition des Begriffs aus fachwissenschaftlicher Perspektive
(d) die Definition des Begriffs aus der Perspektive eines bestimmten wissenschaftstheoretischen Standpunktes

(a) die Definition des Begriffs aus umgangssprachlicher Perspektive

Der Wörterbucheintrag im dreibändigen DUDEN-Lexikon gibt folgende Erklärung:

> „**Arbeit,** zielgerichtete Betätigung (mhd. arebeit Mühe), berufliche Beschäftigung; auch: Objekt u. Ergebnis geistiger od. körperl. Betätigung; physikal.: Produkt aus Kraft und Weg, wenn Kraft und Wegrichtung übereinstimmen. Einheiten: ↑ erg, ↑ Joule, ↑ Meterkilopond, ↑ Elektronenvolt."

Im einbändigen Sprachbrockhaus ist die Definition kürzer, zugleich differenzierter gefaßt:

> „die **Arbeit,** -/-en, 1) Berufstätigkeit. 2) zweckbewußte Anstrengung. 3) Mühe, Plage. 4) Werk, Schöpfung. 5) Physik: Ergebnis aus Kraft mal Weg (Maßeinheit: Erg). 6) Gärung, Wallung."

Diese Vielfalt der Bedeutungsmöglichkeiten ist in dem weitverbreiteten Handbuch sinnverwandter Ausdrücke von A. M. Textor, „Sag es treffender" auf drei Bedeutungs-Schwerpunkte eingeengt worden:

> **„Arbeit** 1. Tätigkeit, Tun, Handeln, Beschäftigung, Betätigung, Verrichtung, Hantierung, Leistung, Ausübung. 2. Beruf, Stellung, Anstellung, Platz, Engagement, Bestallung, Verpflichtung, Arbeitsverhältnis, Broterwerb, Geschäft, Posten, Aufgabe, Aufgabenkreis, Betätigungsfeld, Arbeitsfeld, Gewerbe, Erwerbsmöglichkeit, Handwerk. 3. Amt, Dienst, Obliegenheit, Funktion, Pflicht, Angelegenheit, Sache."

(b) die Herkunftsgeschichte des Begriffs

Herkunft und Geschichte des Wortes lassen sich mit Hilfe des DUDEN, Band 7: Etymologie erschließen. Hier erfahren wir, daß es im Indoeuropäischen eine gemeinsame sprachliche Wurzel für *Arbeit, arm* (verwaistes, deshalb zu harter Arbeit verdingtes Kind) und *Erbe* gibt, die im Slawischen zu „robota" (poln. = Arbeit) wird und in dem Fremdwort „Roboter" geläufig ist.

Die ausführlichste und zugleich differenzierteste Darstellung von Wort und Begriff „Arbeit" findet sich in den drei Spalten (= 1,5 Seiten) des Deutschen Wörterbuchs der Gebrüder Grimm. Sie beginnen mit der Etymologie und unterscheiden dann sechs Bedeutungskreise, für die jeweils Literaturbelege herangezogen werden:

> „1) ursprünglich … war arbeit die auf dem knecht lastende, vorzugsweise was für die feldbestellung, um tagelohn gewerkt werden muste:
> . . .
> 2) allmälich heiszt alles arbeit, was von den sogenannten Handwerkern verrichtet wird, wofür, wie dieser name selbst bezeugt, ursprünglich lieber … werk gesagt wurde, obschon tagewerk auch den dienst des taglöhners bezeichnen kann.
> 3) kopfarbeit, geistige arbeit, bücherarbeit, gelehrte arbeiten:
> 4) noch allgemeiner übertragen wir arbeit auf andere verrichtungen, ohne dasz ein bestimmtes werk hervorgebracht und aufgestellt wird:
> 5) die vorstellung der arbeit wird an einzelne Zustände geknüpft, die anhaltende anstrengung oder naturthätigkeit zu erkennen geben, namentlich … heiszt reise eine arbeit, das franz. travail hat im engl. travel geradezu diesen sinn überkommen; so drückt unser arbeit wo nicht die reise selbst, … doch die anstrengung und ermattung der reisenden aus:
> 6) hieran grenzt nun unmittelbar die von schwerer knechtsarbeit zuerst abgeleitete abstraction groszer mühe und anstrengung."

(c) die Definition des Begriffs aus fachwissenschaftlicher Perspektive

Verlassen wir nun die allgemeinen Wörterbücher, und prüfen wir das Begriffsverständnis von „Arbeit" in einigen Fachwörterbüchern.

Ein *Philosophisches* Wörterbuch (Kröner Verlag, 1969) belehrt uns:

> „**Arbeit,** als ethisches Phänomen svw. ,Einsatz, Aufwand, Drangeben:
> die Person setzt sich ein, wendet Kraft auf, gibt ihre Energie dran. Die A.
> will vollbracht, ,geschafft' sein. Sie stößt nicht nur auf den Widerstand der
> Sache, sie ringt ihm auch das Erstrebte erst ab, zwingt es ihm auf. Die
> Tendenz des Menschen geht dahin, über die A. hinauszuwachsen, ihrer
> Herr zu werden. Er ,erfährt' also ständig in seiner A. sowohl sich selbst als
> auch die Sache; sich selbst in der Spontaneität eingesetzter Energie, der
> physischen wie der geistigen, die Sache in ihrem Widerstand gegen diese.
> Beides ist unaufhebbar aneinander gebunden, und beides ist Realitäts-
> erfahrung' (Nicolai Hartmann)."

Die gesellschaftliche Dimension von „Arbeit" wird in dem Stichwortartikel
des Wörterbuchs der Soziologie (ebenfalls Kröner Verlag, 1972) in den Mittelpunkt gestellt:

> „**Arbeit,** zweckmäßige, bewußte Tätigkeit des Menschen zur Lösung u.
> Bewältigung seiner materiellen u. geistigen Existenzprobleme. In der A.
> setzt sich der Mensch rational mit den Kräften und Möglichkeiten seiner
> natürl. Umwelt auseinander, verändert er diese Umwelt u. damit sein Ver-
> hältnis zu ihr. Prozesse der A. sind immer auch soz. Prozesse. Die Art, wie
> Menschen arbeiten (im Sinne von Probleme lösen u. materiell produzieren),
> bestimmt ihre Lebensweise u. die Gestaltung ihrer soz. Beziehungen.
> Ges. wird entscheidend mitgeformt durch den historischen Stand der
> Entwicklung menschl. A.bedingungen u. A.verhältnisse. (...)"

Im Wirtschaftslexikon von Frank W. Mühlbradt (Cornelsen Verlag Scriptor)
wird der Begriff in vierfacher Hinsicht unterschieden:

> „**Arbeit** 1. Im allgemeinen Sinne ist Arbeit die Tätigkeit eines Menschen,
> die auf ein wirtschaftliches Ziel ausgerichtet ist...
> 2. Im betriebswirtschaftlichen Sinne ist Arbeit ein Produktionsfaktor neben
> den beiden anderen Hauptfaktoren Betriebsmittel und Werkstoffe...
> 3. Im volkswirtschaftlichen Sinne ist Arbeit ein Produktionsfaktor neben
> Kapital und Boden.
> 4. In steuerlicher Hinsicht wird zwischen selbständiger... und nichtselb-
> ständiger Arbeit ... unterschieden."

In dem von W. F. Haug herausgegebenen „Kritischen Wörterbuch des
Marxismus" (Argument Verlag) wird auf 3,5 Seiten das Begriffs-Verständnis
von Karl Marx und Friedrich Engels dargestellt; zwischen *konkreter* und
abstrakter, einfacher und *komplizierter, entfremdeter* und *nichtentfremdeter*
Arbeit unterschieden.

Aus diesen Beispielen wird deutlich, daß die Begriffsdefinition aus der
Perspektive einer wissenschaftlichen Disziplin erfolgt, die eine für ihre Zwecke
umfassende und differenzierte Erläuterung anstrebt.

Die zitierten Textauszüge sollten veranschaulichen, wie unterschiedlich Begriffe definiert werden können.

Sätze

Die Begriffe, Konzepte begegnen dem Leser wissenschaftlicher Texte natürlich nicht nur als einzelne Wörter, sondern im Gliederungs- und Bedeutungszusammenhang von Sätzen. Was macht das Verständnis von Sätzen oftmals so schwer und wie kann man sich als Leser helfen, Texte besser zu verstehen? Es sind dies (1.) das Umstellen der Satzglieder und (2.) das Übersetzen von Substantiven und Verben. Ein Beispiel:

> „Daß ein Leser Wort- und Satzsinn versteht, kann in Aussagen über den Text zum Ausdruck kommen." (Grzesik, S. 79)

Das Umstellen der Satzglieder

Als Satzglieder mit mehreren Wörtern gehören in diesem Satz zusammen:

- ❏ *Wort- und Satzsinn*
- ❏ *Aussagen über den Text*
- ❏ *zum Ausdruck kommen*

Die einzelnen Wörter dieses Satzes bieten keine Verständnisschwierigkeiten, der Satz als Ganzes wirkt aber nicht einfach. Womit hängt das zusammen? Es handelt sich bei diesem Satz um eine Fügung aus Haupt- und Gliedsatz. Der Hauptsatz lautet: *„X kann in Aussagen über den Text zum Ausdruck kommen".* X markiert die Subjektstelle, die in unserem Fall durch den Gliedsatz besetzt wird. Die Spitzenstellung des Gliedsatzes bereitet Leseverzögerungen. Verständlicher wäre die folgende Formulierung: *„In Aussagen über den Text kann zum Ausdruck kommen, daß ein Leser Wort- und Satzsinn versteht."*

Auch andere Umformulierungen des Satzes haben vermutlich einen Einfluß darauf, ob und wie schnell der Satz verstanden wird:

- ❏ *„Sinnverständnis von Wort und Satz kann in Aussagen des Lesers über den Text zum Ausdruck kommen."*

- ❏ *„Aussagen über den Text können zeigen, daß ein Leser Wort- und Satzsinn versteht."*

- ❏ *„Macht ein Leser Aussagen über den Text, so kann dies ein Ausdruck davon sein, daß er Wort- und Satzsinn versteht."*

Es kann für das Verständnis eines Textes vorteilhaft sein, die Satzglieder umzustellen, den Satz umzuformulieren. Der Text wird dadurch möglicherweise länger, aber er wird dafür verständlicher.

Das Übersetzen der Substantive in Verben

Eine weitere Verständnisschwierigkeit bringt der Prädikatsausdruck *„kann zum Ausdruck kommen"* mit sich. Das umständliche Funktionsverbgefüge *„zum Ausdruck kommen"* ist inhaltlich einfacher durch *„ausdrücken"* zu ersetzen. Das modale *„kann"* gibt an, daß der Autor hier eher eine Möglichkeit und keine Notwendigkeit sieht.

Insgesamt repräsentiert unser kurzes Textbeispiel eine Tendenz der Schriftsprachentwicklung, die seit dem Ende des 19. Jahrhunderts feststellbar ist und das Leseverständnis erschwert, nämlich die Nominalisierung (Hauptwortstil). Dieser Stil ermöglicht es dem Autor, die Darstellung zu verkürzen und zu komprimieren. Für uns als Leser wird der Text dadurch allerdings abstrakter, und wir benötigen mehr Zeit, um ihn zu verstehen.

Auch hierzu ein Beispiel:

> „Fast alle anderen mir bekannten Untersuchungen zur Analyse des Verstehens komplizierterer Zusammenhänge in Texten von größerem Umfang führen zwar zu interessanten Befunden, z. B. zu einer Strategie der Befragung bestimmter Sorten von Sachtexten oder der Erschließung der Struktur bestimmter Erzählungen (story grammar) (vgl. Groeben 1982, 45 f.; Schnotz 1988), sie lassen sich aber nicht auf jeden Leseprozeß übertragen, sondern haben in etwa den niedrigen Grad der Allgemeinheit, den die Vielzahl der didaktischen Vorschläge zur Erschließung einer bestimmten Textsorte bzw. für eine bestimmte Form der Interpretation besitzt." (Grzesik, S. 95)

Die Informationsdichte dieses Beispielsatzes ergibt sich nicht nur aus der hypotaktischen Fügung (Haupt- und Nebensatz) und dem Nominalstil, sondern darüber hinaus durch die Vielzahl von nominalen Beifügungen zu den einzelnen Satzgliedern. Diese „überladenen", komplexen Satzglieder sind ein durchaus typisches Merkmal deutscher Wissenschaftssprache. Die Rückführung dieses Satzes auf seine Grundstruktur könnte so aussehen:

Untersuchungen	auf jeden Leseprozeß
führen zu	sondern haben
Befunden, sie	den niedrigen Grad der Allgemeinheit
lassen sich nicht übertragen	

Die Anreicherung der Basis-Satzteile um Substantiv-Attribute und den Relativsatz soll nun durch Paraphrasierung verdeutlicht werden. Es geht um **Untersuchungen, und zwar fast alle anderen,** die dem Autor **(mir) bekannt** sind. Untersuchungen wozu? **Zur Analyse des Verstehens.** Analyse heißt „systematische Untersuchung", also: Untersuchung zur Untersuchung? – Was wird untersucht? Das **Verstehen** schwieriger **(komplizierterer) Zusammenhänge** in längeren **(von größerem Umfang) Texten.** Zu welchen **(interessanten) Befunden** führen nun diese Untersuchungen?

Es werden dafür zwei Beispiele gegeben: a) **zu einer** genau geplanten **(Strategie) Befragung bestimmter** Arten **(Sorten) von Sachtexten;** b) zur **Erschließung** von **Erzählstrukturen** (Geschichtengrammatik). Diese Befunde **lassen sich aber nicht auf jeden Leseprozeß übertragen, sondern** sind wenig allgemein **(niedriger Grad der Allgemeinheit).** So wenig allgemein wie viele **didaktische Vorschläge zur Erschließung einer Textsorte** bzw. **für eine bestimmte** Interpretationsform.

Sinngemäß hat sich einmal Mark Twain über diese – wie er meint – typisch deutsche Art wie folgt lustig gemacht:

> *Wenn ein deutscher Autor einen Satz beginnt, so ist es, als tauche er in einen tiefen Ozean. Lange sieht man nichts mehr von ihm, bis er schließlich mit einem Verb im Munde wieder auftaucht.*

Wort- und Satzsinn in argumentativen Texten

Komplizierter wird der Zusammenhang zwischen Wort-, Satz- und Textsinn, wenn es um die argumentative Verwendung von Sprache geht. Hier helfen uns vor allem die neben- und unterordnenden Konjunktionen, die logischen Beziehungen zwischen den Aussagen zu identifizieren. Auf einige dieser Konjunktionen wollen wir hinweisen; im Kapitel 3.3 werden wir noch einmal auf dieses Thema zurückkommen.

Die nebenordnenden Verknüpfungen von Aussagen dienen der:

Hinzufügung, Ergänzung, Summierung
(kommt hinzu/ ferner/ außerdem/ darüber hinaus/ sowohl ... als auch)
Gegenüberstellung, Steigerung, Korrektur
(nicht nur... sondern/ allerdings/ jedoch)
Abwägung
(einerseits ... andererseits/ zum einen ... zum anderen)
Abstufung
(sowie/ wie auch/ zudem/ ferner/ ebenfalls).

Die unterordnenden Verknüpfungen von Aussagen dienen dem:

Widersprechen und Einschränken
(aber/ doch/ nur/ sofern/ soweit/ während/ wohingegen)
Zugestehen
(obgleich/ obwohl/ wenn auch/ ungeachtet)
Folgern
(folglich/ demzufolge/ somit/ so daß)
Begründen
(denn/ weil/ da/ zumal/ deswegen/ darum)
Setzen von Bedingungen
(wenn/ falls/ sofern/ selbst dann nicht . . wenn/ vorausgesetzt/ gegebenenfalls)
Angeben von Zwecken
(damit/ weil/ um . . . zu/ dazu . . . daß/ zwecks).

Argumente

Wissenschaftliche Erkenntnis begegnet uns immer in der Form von Sätzen oder Satzsystemen. In den Texten der sozial- und geisteswissenschaftlichen Fächer spielen die Satztypen „Behauptung" und „Argument" eine zentrale – aber höchst unterschiedliche – Rolle. Sich mit solchen Texten auseinanderzusetzen heißt, sich mit ihrer Argumentationsstruktur auseinanderzusetzen.

Mit jeder Behauptung wird ein Wahrheitsanspruch verbunden. Ob ein solcher Anspruch von einer Autorin eingelöst wird oder nicht, läßt sich allerdings nicht so ohne weiteres klären. Sie werden in Ihrem Studium noch oft die Erfahrung machen, daß z. B. die Behauptungen eines Wissenschaftlers von vielen seiner Fachkollegen geteilt, aber auch von ebenso vielen als falsch verworfen werden. Als Studierender – zumal als Anfänger – empfindet man dies verständlicherweise als irritierend. Gerade hat man sich mit Mühe den Standpunkt eines Autors (seine Behauptungen und Argumente) angeeignet, so wird man in einem anderen Seminar mit der völlig konträren Sichtweise eines anderen Wissenschaftlers konfrontiert. Macht man sich die Mühe, auch diesen Standpunkt gründlich kennenzulernen, dann wird man möglicherweise feststellen, daß nicht nur die wissenschaftlichen Aussagen (und die Methoden, durch die sie gewonnen wurden) des einen, sondern auch die der anderen Wissenschaftlerin für sich genommen durchaus plausibel, vernünftig, richtig erscheinen. Was nun? Sind die Behauptungen beider Standpunkte wissenschaftliche Erkenntnisse? Ist also richtig und falsch nicht mehr unterscheidbar?

Spätestens jetzt sind Sie bei grundlegenden wissenschaftstheoretischen Fragen angelangt, auf die es nach unserer Auffassung keine „richtige" Antwort gibt. Die Antwort kann unseres Erachtens nur heißen: „Es kommt auf den wissenschaftstheoretischen Bezugsrahmen des jeweiligen Wissenschaftlers an!" Aussagen, die aus einer bestimmten wissenschaftstheoretischen Sichtweise richtig sind, können von einem anderen wissenschaftstheoretischen Standpunkt aus betrachtet falsch sein.

Welche Bedeutung hat dieser Umstand für die kritische Auseinandersetzung mit Texten? Obwohl wir uns hier nicht mit den unterschiedlichen wissenschaftstheoretischen Positionen beschäftigen können, bleibt festzuhalten:

Für ein angemessenes Textverständnis (für die Beurteilung einer wissenschaftlichen Argumentation) ist es notwendig, den jeweiligen wissenschaftlichen Bezugsrahmen seines Autors zu identifizieren, um prüfen zu können, ob der Verfasser *innerhalb seines Bezugsrahmens* nach *seinen eigenen Regeln* korrekt argumentiert.

Welcher wissenschaftstheoretische Bezugsrahmen Ihnen „richtig" zu sein scheint, das müssen Sie selbst herausfinden.

2. Welche allgemeinen Lese-methoden es gibt

Worum geht es im 2. Kapitel?

In diesem Kapitel möchten wir Ihnen vorstellen:

2.1 Allgemeine Lesemethoden
Allgemeine Lesemethoden (wir verstehen darunter eine Abfolge verschiedener Lesetätigkeiten) sind inhaltsneutral. Sie lassen sich auf verschiedene Textsorten verschiedener Inhalte anwenden, sind aber – gerade deshalb – in ihrer Nützlichkeit begrenzt.

2.2 Hermeneutik: eine Methode der Geisteswissenschaften
In den Geisteswissenschaften sind die *hermeneutischen* Texterschließungs-Methoden weitverbreitet. Wir stellen Ihnen ein Minimalschema vor, das Ihnen helfen soll, gezielter zu lesen und das Gelesene mit dem eigenen Wissen besser in einen Zusammenhang zu bringen.

2.3 Empirie: eine Methode der Sozialwissenschaften
In den Sozialwissenschaften sind die *empirischen Methoden* weitverbreitet. Wir stellen Ihnen zwei Kriterien-Kataloge und ein Visualisierungs-Verfahren vor, die Ihnen helfen sollen, empirische Forschungs-Berichte kritisch zu analysieren.

> *„Nichts erklärt Lesen und Studieren besser,*
> *als Essen und Verdauen. Der philosophische eigent-*
> *liche Leser häuft nicht bloß in seinem Gedächtnis an,*
> *wie der Fresser im Magen, da hingegen der*
> *Gedächtnis-Kopf mehr einen vollen Magen,*
> *als einen starken und gesunden Körper bekommt,*
> *bei jenem wird alles was er liest und brauchbar*
> *findet, dem System und dem inneren Körper,*
> *wenn ich so sagen darf, zugeführt, dieses hierhin*
> *und das andere dorthin, und das Ganze bekommt*
> *Stärke."*
>
> *(Georg C. Lichtenberg, S. 255)*

2.1 Allgemeine Lesemethoden

Wir haben gesagt „Lesen beginnt nicht mit dem Lesen", sondern zunächst mit Selbstbefragung (wir haben hierfür den Begriff „Metakognition" verwendet), an die sich eine Befragung des Paratextes anschließt. Wenn nun aber all dies geschehen ist und man sich endlich dem eigentlichen Text zuwenden kann, dann spätestens stellt sich die Frage, ob es nicht bestimmte Methoden für das Lesen gibt (Rezepte sozusagen, die bei Einhaltung aller Schritte Erfolg garantieren). Solche Methoden werden in der Tat von einigen Autoren angeboten.

Weil sich diese Methoden aber weder auf einen bestimmten Texttyp (z. B. Lehrbuchtext, Essay, Untersuchungs-Bericht) noch auf einen bestimmten Inhalt oder ein bestimmtes Fach beziehen, weil sie notgedrungen auch nicht das Vorwissen der Leser berücksichtigen können, sind ihre Handlungs-Empfehlungen sehr allgemein. Man stellt bei näherer Betrachtung der verschiedenen Methoden fest, daß sie teils identische Anweisungen enthalten. Dies mag als Beleg dafür angesehen werden, daß zumindest einige Schritte beim Lesen von Büchern immer sinnvoll zu sein scheinen.

Drei solcher Methoden wollen wir Ihnen in Form einer Synopse (tabellarisch vergleichenden Übersicht) vorstellen und mit einem Katalog von Empfehlungen ergänzen, der weitaus älter, sprachlich antiquierter und doch – „unterm Strich" – nach unserer Auffassung besser ist.

Bei den vorgestellten Methoden handelt es sich um die SQ3R-, die PQ4R-
und die Lesemethode von Smith.

Methode / Schritte	SQ3R-Methode (Robinson 1961)	PQ4R-Methode (Thomas & Robinson 1972)	Methode von Smith (Smith 1977)
Schritt 1	**Überblick gewinnen (= Survey)** Machen Sie sich mit dem Aufbau des Buches vertraut (Inhaltsverzeichnis, Umschlagklappe, Zusammenfassungen usw.)!	**Vorprüfung (= Preview)** Verschaffen Sie sich einen Überblick über die Kapitel und Abschnitte des Buches!	**Überfliegen Sie den Text:** Versuchen Sie so schnell wie möglich herauszubekommen, um was es in dem Text geht, kümmern Sie sich nicht um Details!
Schritt 2	**Fragen (= Question)** Stellen Sie Fragen an den Text!	**Fragen (= Qestion)** Stellen Sie Fragen an den Text!	**Zusammenfassung:** Schreiben Sie eine Zusammenfassung, die mindestens Antwort auf die Frage gibt: „Um was geht es in dem Text?"
Schritt 3	**Lesen (= Read)** Achten Sie beim Lesen auf die Überschriften; suchen Sie die Hauptaussagen; achten Sie auf hervorgehobene Textteile, Fachausdrücke, Fremdwörter, Illustrationen und vor allem Definitionen!	**Lesen (= Read)** Versuchen Sie, Ihre zu jedem Abschnitt formulierten Fragen zu beantworten!	**Vorhersage von Fragen:** Formulieren Sie mindestens 5 Fragen, auf die der Text eine Antwort gibt! Nutzen Sie hierzu Ihre Zusammenfassung und Ihr Vorwissen! Schauen Sie sich den Text aber nicht erneut an!
Schritt 4	**Rekapitulieren (= Recite)** Fertigen Sie Notizen über das Gelesene an, oder erklären Sie es einem Kommilitonen!	**Nachdenken(=Reflect)** Denken Sie über das Gelesene nach, suchen Sie nach Beispielen und versuchen Sie, den Text auf Ihr vorhandenes Wissen über den dargestellten Gegenstand zu beziehen!	**Vorhersage von Antworten:** Versuchen Sie nun, ohne den Text anzuschauen, Antworten auf Ihre Fragen zu geben!
Schritt 5	**Repetieren (= Review)** Überfliegen Sie nochmals alle Überschriften der einzelnen Kapitel; versuchen Sie, die wichtigsten Aussagen in Erinnerung zu rufen!	**Rekapitulieren (= Recite)** Versuchen Sie nach jedem Abschnitt, Ihre zuvor formulierten Fragen zu beantworten!	**Überprüfung der Antworten:** Lesen Sie jetzt den Text schnell durch, um Ihre Antworten zu überprüfen!
Schritt 6		**Repetieren (= Review)** Gehen Sie im Geiste noch einmal die Kapitel durch; versuchen Sie, die wesentlichen Punkte wiederzugeben! Beantworten Sie die Fragen, die Sie an den Text gestellt haben!	

Ein **Beispiel:**

Versuchen wir einmal, zwei dieser Methoden (SQ3R- und PQ4R-Methode) auf eine wissenschaftliche Monographie (Sie wissen hoffentlich noch, an welcher Stelle in diesem Buch dieser Begriff erklärt wird!) anzuwenden.

Titel der Monographie:	Inhaltsanalyse
Untertitel:	Einführung in Theorie, Methode und Praxis
Autor:	Klaus Merten
Verlag:	Westdeutscher Verlag, Opladen
Erscheinungsjahr:	1983

Schritt 1: „Überblick gewinnen / Vorprüfung"

SQ3R- und PQ4R-Methode empfehlen, sich einen Überblick über den Text zu verschaffen. Was aber heißt, sich einen Überblick verschaffen? Was soll die Leserin tun, und in welcher Absicht soll sie es tun? Die SQ3R-Methode gibt einige Hinweise, die PQ4R-Methode bleibt hingegen recht vage. Befolgen wir zunächst die Ratschläge der SQ3R-Methode:

Inhaltsverzeichnis

Das sechs Seiten lange Inhaltsverzeichnis vermittelt uns auf Anhieb keine ausführlicheren Informationen als der Untertitel des Buches.

Teil I:	Einführung
Teil II:	Theorie
Teil III:	Methode
Teil IV:	Praxis der Inhaltsanalyse
Teil V:	Zukunft der Inhaltsanalyse

Klappentext

Die Umschlagklappe (in diesem Fall die Rückseite des Buches) gibt uns folgende Auskunft:

Der vorliegende Band versteht sich als umfassende Einführung in Theorie, Methode und Praxis der Inhaltsanalyse. Historische Entwicklung, theoretische Fundierung und methodologische Probleme werden ebenso behandelt wie praktische Probleme bei der Durchführung von Inhaltsanalysen oder zukünftige Entwicklungen. Kernstück des vorliegenden Bandes ist die Vorstellung von 35 verschiedenen Verfahren der Inhaltsanalyse aus Soziologie, Psychologie, Psychiatrie und Politologie, die anhand einer geschlossenen Typologie verortet und nach einheitlichem Schema dargestellt werden. Zahlreiche Hinweise für den praktischen Gebrauch sowie viele aktuelle Beispiele machen diesen Band zu einem wichtigen Arbeitsmittel für Kommunikationswissenschaftler, Linguisten, Pädagogen, Politologen, Psychiater, Psychologen und Soziologen.

Klaus Merten, geb. 1940, ist Professor für Methoden der empirischen Sozialforschung an der Universität Gießen. Wichtigste Veröffentlichungen:
Fortran IV (1975, 1980); Kommunikation (1977); Struktur der Bericht-
erstattung der deutschen Presse (1983) sowie zahlreiche Aufsätze zur
Theorie und Methode der Kommunikationsforschung.

Vorwort

Das drei Seiten umfassende Vorwort erläutert die in den einzelnen Kapiteln
behandelten Themen und Fragestellungen. Und wir erfahren, was unter dem
Begriff „Inhaltsanalyse" zu verstehen ist.

Fazit:

Dieser Schritt ist unseres Erachtens in jedem Falle sinnvoll. Wir können
anhand solcher Informationen eine vorläufige Vorstellung entwickeln, worum
es in diesem Buch geht, an welche Zielgruppen sich der Autor wendet. Und
wir erfahren, daß uns der Autor 35 verschiedene Verfahren der Inhaltsanalyse
vorstellt. Ob uns die Angaben zum Autor, die Differenziertheit seines Inhalts-
verzeichnisses nützliche Informationen liefern, läßt sich verallgemeinernd
nicht sagen. Wer andere Publikationen von Klaus Merten kennt, wer sich mit
dem Thema „Inhaltsanalyse" bereits befaßt hat, wird aus diesem Wissen sicherlich zu schlußfolgern wissen. Wer allerdings weder den Namen „Klaus Merten"
kennt, noch etwas über das Thema „Inhaltsanalyse" weiß, der wird mit solchen
Informationen wenig anfangen können.

Schritt 2: „Fragen"

„Stellen Sie Fragen zum Text?": so heißt es lapidar in beiden Methoden.
Das erscheint ebenso vernünftig wie schwierig. Schwierig zumindest, wenn
sich die Fragen auf den ganzen Text (das sind in unserem Fall 385 Seiten)
beziehen sollen. Die unbedarfte Leserin wird nur sehr allgemeine Fragen
stellen können; etwa der Art: „Was versteht man unter . . . ?" oder „Welche . . .
gibt es?" Dies sind jedoch Fragen, die sich ohne großen Aufwand auch aus
den Überschriften während des Lesens ergeben. Und selbst wenn man sich
auf die einzelnen Abschnitte des Buches konzentriert, wird man mit dieser
Empfehlung Schwierigkeiten haben. Versuchen Sie einmal, zum Kapitel
4.2 des Buches (s. u.) Fragen zu stellen, die über das Niveau des „Was ist . . . ?"
oder „Was versteht der Autor unter . . . ?" hinausgehen:

4.2 Grundlagen der Linguistik
    4.2.1 Wort
    4.2.2 Satz
    4.2.3 Text
    4.2.4 Textbeschreibung und Textanalyse

Schritt 3: „Lesen"

Die Suche nach Antworten auf Fragen, das Festhalten der Hauptaussagen, vor allem der Definitionen usw.; das alles ist richtig, jedoch entweder recht leicht oder aber sehr schwer zu realisieren. Denn die Suche nach der Antwort auf die Frage: „Was sind die Grundlagen der Linguistik?" ist einfach. Hingegen die Suche nach den wesentlichen, den Hauptaussagen also, ist schwierig. Grundsätzlich kann man sagen: Je allgemeiner, je inhaltsunspezifischer die Fragen formuliert sind, desto schwerer fällt ihre Beantwortung.

Schritt 4: SQ3R empfiehlt „Rekapitulieren"

Sich Notizen anzufertigen ist wichtig (wir können leider nur wenig dauerhaft behalten und sind auf externe Speicher angewiesen). Doch wie ist zu gewährleisten, daß unsere Notizen auch das Wesentliche des Textes erfassen? Auch mag unser subjektives Leseinteresse mit dem Mitteilungs-Interesse der Autorin eines Textes durchaus divergieren. Rekapitulation kann also sowohl unter dieser wie jener Fragestellung erfolgen.

Gelesenes mit Kommilitoninnen auszutauschen, zu diskutieren, mehr noch: auch anderen mitzuteilen ist unseres Erachtens unbedingt zu empfehlen. Wie man diesen Prozeß organisieren kann, dazu geben wir Ihnen einige Hinweise in Kapitel 4.

Schritt 4: PQ4R empfiehlt „Nachdenken"

Der Ratschlag ist trivial oder aber noch schwerer als die anderen umzusetzen. Denn was heißt „Nachdenken"? Für die Autoren heißt es in erster Linie, den Text auf die beim Leser vorhandenen Erfahrungen und Wissensbestände über den Gegenstand zu beziehen. Diesem Ratschlag ist mit Vorbehalt zu begegnen. Ist es beispielsweise wirklich sinnvoll und für das Verständnis des Textes nützlich, Wilhelm von Humboldts Text „Über die innere und äußere Organisation der wissenschaftlichen Anstalten zu Berlin" (1810) mit seinen Erfahrungen der Massenuniversität zu vergleichen? Wir meinen, nein. Denn der stete Rückbezug auf die eigenen Erfahrungen kann den distanzierten, von allen subjektiven Bezügen befreiten Blick auf den Gegenstand der Auseinandersetzung sehr wohl versperren. Selbst wenn man den Ratschlag der Autoren für vernünftig hält, so erscheint uns seine Beherzigung wiederum sehr schwer. Denn was heißt „Erfahrungen, Wissen in Beziehung zum Text zu setzen"? Der Leser bleibt sich bei solchen Empfehlungen weitgehend selbst überlassen.

Schritt 5 / Schritt 6: „Repetieren" bzw. „Rekapitulieren"

Am Ende der Lektüre noch einmal Rückschau zu halten, sich des Gelesenen, Verstandenen, der wichtigen Aussagen zu vergewissern ist unseres Erachtens sehr sinnvoll (Wiederholung – so ein altes Sprichwort – ist die Mutter allen Lernens). Nur wie stellt es die Studentin an, wie kann sich der Student vergewissern? Wie in den meisten Schritten bleiben die beiden Methoden auch hier in ihren Empfehlungen sehr vage.

Fachunspezifische Lesemethoden können eine **erste** Näherung an den Text bewirken. Sie machen sensibler für die Organisation des eigenen Leseprozesses, regen an, beim Lesen systematisch vorzugehen. Solche Methoden den eigenen – fachspezifisch ausgerichteten (vgl. Kapitel 2.2) – Ansprüchen mehr und mehr anzupassen, ist Ihnen aufgegeben.

Robinson, F.: Effective Study. Rev. ed. New York 1961 (sehr ausführlich dargestellt von: Naef, R. D.: Rationeller Lernen lernen. Weinheim, Basel 1977 (9. Aufl.), S. 30 ff.)

Thomas, E. L.; Robinson, H. A.: Improving Reading in every Class: A Sourcebook for Teachers. Boston 1972 (zit. n. S.-P. Ballstaedt u. a.: Texte verstehen – Texte gestalten. München, Wien, Baltimore 1981, S. 264 f.)

Smith, D. E. P.: A Technology of Reading and Writing. Vol. 3: The Adaptive Classroom. New York 1977 (Zit. n. Keitel, C.; Otte, M.; Seeger, F.; Text – Wissen – Tätigkeit. Königstein/Ts. 1980, S. 150 f.)

Professor Kiesewetters Ratschläge

Das Lesen war auch schon vor zweihundert Jahren für die Studierenden ein Problem. Die Literatur, die seinerzeit Hilfe versprach, nannte sich hodegetisches Schrifttum. „**Hodegetik**" bedeutet „Anleitung zum Studium eines Wissens- oder Arbeitsgebietes" (kurz auch: Wegweisung, Hilfestellung, Rat). Die Ratschläge des Berliner Philosophie-Professors aus dem Jahre 1811 klingen zwar recht antiquiert, sind in manchem auch nicht mehr zeitgemäß, doch in vielem immer noch wertvoll. Einige seiner Empfehlungen haben wir kommentiert:

1. Man wähle zur Lesung eines Werkes die schickliche Zeit; so wird zur Zeit der Ferien eine Lectüre vorgenommen werden können, die während der Dauer der Vorlesungen unzweckmäßig wäre.

Kommentar: Das Adjektiv „unzweckmäßig" ist zu präzisieren. Daß Semester-Ferien keine Ferien (im Sinne „freier" Zeit sind) dürfte wohl selbstverständlich sein. Vorlesungsfreie Zeit ist ebenfalls – und für viele Texte – die beste Studienzeit. Umfangreiche, komplizierte Bücher, deren Lektüre zeitintensiv ist und auch ein „Lesen am Stück" erfordern, um verstanden zu werden, sind oft nur in den Semester-Ferien zu bewältigen.

2. Man mache sich an die Lesung eines Buches ohne vorgefaßte Meinung.

Kommentar: Dieser Rat ist sehr wichtig, auch wenn man sich zu einer solchen Lese-Haltung oft zwingen muß. Voraussetzung für die kritische Auseinandersetzung mit einem Autor ist, daß man sich zunächst einmal bemüht, zur Kenntnis zu nehmen, was er sagt.

3. Man lese die Vorrede um den Gesichtspunkt zu wissen, aus welchem der Verfasser sein Werk betrachtet wissen will.

Kommentar: Auch dieser Rat zielt darauf ab, den Autor zu schützen bzw. den Leser darauf hinzuweisen, daß sich die Kritik an einer Position immer nur innerhalb der vom Autor selbst gesetzten Ansprüche und Grenzen orientieren sollte.

4. Man durchlaufe die Inhaltsanzeige um mit dem Ganzen und den Haupttheilen desselben oberflächig bekannt zu werden.

Kommentar: Es ist nützlich, wenn man zunächst einen Gesamtüberblick über den Inhalt eines Buches erhält, weil sich aus dem Wissen über die Struktur des Ganzen häufig leichter die Bedeutung und Ortsbestimmung des Einzelnen erschließt.

5. Man lese vor den einzelnen Kapiteln und Abschnitten selbst, die Inhaltsanzeige derselben und denke über diesen Inhalt nach, damit man nachher seine Gedanken mit den Behauptungen des Schriftstellers vergleichen könne.

Kommentar: Vorangestellte Inhaltsangaben von Kapiteln oder gar Abschnitten sind heutzutage in Büchern selten anzutreffen. In Zeitschriften ist es allerdings durchaus üblich, dem Aufsatz ein „Abstract", eine Zusammenfassung voranzustellen. Es empfiehlt sich immer, diese Zusammenfassung zuerst zu lesen.

6. Man sammle sich ehe man zu lesen anfängt und hüte sich während desselben vor Zerstreuung. Um gewiß zu sein, daß man mit Aufmerksamkeit lieset, unterbreche man sich zuweilen und frage sich, was man gelesen. (…)

7. Man lese wo möglich in einer bestimmten Rücksicht.

Kommentar: Mit Luther könnte man hier ergänzen: „Ans Ziel kommt nur, wer eines hat."

8. Man verweile bei den dunklen Stellen um sie sich klar und deutlich zu machen; dazu trägt bei, daß man das Vorhergehende und das Nachfolgende mit den dunklen Stellen in Verbindung liest. Doch muß man hierbei nicht zu ängstlich sein, weil oft bei fortgesetzter Lectüre durch zurückgeworfenes Licht dunkle Stellen unvermuthet erhellt werden. Sehr oft wird Deutlichkeit dadurch hervorgebracht, daß man einzelne Fälle oder ähnliche Gegenstände zu Hülfe nimmt.

Kommentar: In der Konsequenz wieder ein Plädoyer für das „Lesen mit dem Bleistift"; aber darauf weist Kiesewetter in seiner neunten Regel ausdrücklich hin.

9. *Man lese mit einem Bleistift in der Hand und wenn uns das Buch selbst gehört, streiche man die Stellen an, welche merkwürdig scheinen, entweder weil sie etwas Neues enthalten, oder weil wir wichtige Folgerungen aus ihnen ableiten zu können vermuthen, oder weil durch sie auf andere Gegenstände ein helleres Licht geworfen wird, oder weil sie uns unrichtig scheinen, oder weil wir über sie noch besonders nachdenken wollen, indem sie uns noch nicht hinlänglich klar und deutlich sind, oder weil sie uns vorzüglich gefallen. Sollte das Buch uns aber nicht selbst gehören, so bemerke man die Seitenzahl, wo eine solche Stelle sich findet auf einem zur Hand habenden Zettel.*

Kommentar: Dem wollen wir nichts hinzufügen, sondern die Ratschläge nachdrücklich unterstreichen.

10. *Man unterbreche wo möglich seine Lectüre nicht mitten im Zusammenhang eines Abschnitts.*

Kommentar: Zur Not ziehen Sie den Telefon-Stecker aus der Dose!

11. *Man sage sich laut nach geendigtem kleinen Abschnitt den Inhalt desselben ganz kurz und thue eben dies nach jedem geendigten Hauptabschnitt und nach Beendigung der Lectüre des ganzen Buches. Ist das Werk in einer fremden Sprache geschrieben, so muß dies in der Muttersprache, weil diese uns die geläufigste ist und den Gedanken sich am meisten anschmiegt, geschehen.*

12. *Man schreibe sich den Hauptinhalt des Werks kurz nieder (wo möglich in tabellarischer Form) und füge sein Urteil hinzu. Ist das Buch unser Eigenthum, so ist es am besten, dies auf dem ersten weißen Blatte desselben zu thun.*

Kommentar: Auf das Herausschreiben der wesentlichen Textstellen gehen wir in Kapitel 3.2, auf das Schematisieren (wenn auch nicht in tabellarischer Form) von Texten gehen wir in Kapitel 3.3 ein. Allerdings empfehlen wir Ihnen, dies **nicht im** Buch, sondern auf einem Blatt Papier zu tun; dies ist weitaus arbeitsökonomischer.

13. *Man excerpiere die vorzüglichsten Stellen, welche man nicht gern vergessen möchte und zwar auf eine solche Art, daß man dieselben leicht wiederfinden kann; dies muß aber erst nach dem Lesen, nicht während desselben geschehen, weil sonst der Zusammenhang unterbrochen wird.*

Kommentar: „Leicht wiederfinden" lassen sich die Aufzeichnungen in einem Buch – zumal wie vom Autor vorgeschlagen, auf der ersten weißen Seite – zwar schon, doch es ist höchst unwahrscheinlich, daß man bei vielen gelesenen Büchern den Überblick behält, wo welche „vorzüglichen Stellen" zu finden sind.

(. . .)

15. Man durchdenke das Gelesene, prüfe die vom Verfasser vorgetragenen Gründe und suche die obwaltenden Zweifel zu heben.

16. Man begnüge sich nicht damit auf den Inhalt eines Werkes seine Aufmerksamkeit zu richten, sondern man bemerke auch die Form der Darstellung des Verfassers.

17. Man lese nicht zuviel auf einmal, daß man sich nicht mit einem halben Verstehen begnüge oder das Gelesene sich nicht zu eigen mache.

18. Man unterhalte sich mit seinen Freunden über das Gelesene.

Kommentar: Nichts trägt mehr zum Verstehen bei, als das Gelesene zu kommunizieren. Auch deshalb sind Seminare und Tutorien oder selbstorganisierte Studien-Gruppen so wichtig.

19. Man lasse sich durch den schlechten Styl nicht abhalten ein sonst wichtiges Werk zu lesen.

20. Man sei auf der Hut sein Urtheil nicht durch Machtsprüche des Verfassers bestimmen zu lassen.

Kommentar: Auf manipulativen oder dogmatischen Sprachgebrauch gehen wir in Kapitel 4.2 ein.

21. Man lese die Schriftsteller von verschiedener Meinung über einen und denselben Gegenstand; aber nicht unter einander, sondern nach einander.

Kommentar: Hier will der Autor vermutlich auf folgendes Problem hinweisen: Haben Sie einen Standpunkt nach der Lektüre *eines* Textes nur „halb" verstanden, dann vermag die Lektüre des Textes, der diesem Standpunkt widerspricht, auch das „Halbverstandene" wieder „undeutlich" werden zu lassen. Es kommt darauf an, daß Sie versuchen, sich möglichst klar über einen und erst dann über einen anderen Standpunkt zu werden.

22. Bei Recensionen vergesse man nicht, daß der Recensent nur ein einzelner Mensch ist und daß derselbe auch irren kann; ferner glaube man nicht, daß eine Recension, ja selbst ein ausführlicher Auszug das Lesen der Schrift in allen Fällen entbehrlich macht.

23. Man beharre nicht dabei ein Buch zu Ende zu lesen, sobald man inne wird, daß das darin Gesagte von keinem erheblichen Nutzen sein könne.

24. Man glaube nicht, daß eine einmalige flüchtige Lectüre von Hauptwerken einer Wissenschaft, welche mühsameres Studium erfordern, hinreichend sei, sondern lese diese Werke in größeren Zwischenräumen mehreremal.

 Kiesewetter, J. G.: Lehrbuch der Hodegetik oder kurze Anweisung zum Studieren. Berlin 1811, S. 205 ff.

*„Es ist eine große Stärkung beim Studieren,
wenigstens für mich, alles was man liest so deutlich
zu fassen, daß man eigne Anwendungen davon,
oder gar Zusätze dazu machen kann.
Man wird am Ende dann geneigt zu glauben
man habe alles selbst erfinden können, und so was
macht Mut. So wie nichts mehr abschreckt als Gefühl
von Superiorität im Buch."*

(Georg C. Lichtenberg, S. 450)

> *„Im Auslegen seid frisch und munter, legt ihr's nicht aus, dann legt was unter".*
>
> *(Johann W. Goethe)*

2.2 Hermeneutik: eine Methode der Geisteswissenschaften

Lesen ist absichtsvolles Handeln. „Wir lesen, um zu verstehen." (Chrystal, S. 209) Was aber heißt „verstehen"? Mit dieser Frage beschäftigt sich die Hermeneutik. Der Begriff wird im „Philosophischen Wörterbuch" von Georgi Schischkoff wie folgt erklärt:

„Hermeneutik (vom griech. hermeneutiké [techne], ‚Kunst der Auslegung', Verdolmetschungskunst, Erklärungskunst [Hermes war in der griech. Mythologie der Vermittler zw. Göttern und Menschen]. ... die spezifisch geisteswiss. Methode. Sie ist die Lehre vom Verstehen, vom Begreifen geisteswiss. Gegenstände." (S. 293)

Bis ins 19. Jahrhundert war Hermeneutik vor allem eine grammatische Methode, d.h. man versuchte, aus der Bedeutung der *sprachlichen* Zeichen auf die Bedeutung eines Textes zu schließen. Friedrich D. Schleiermacher definiert Hermeneutik in einem weiteren Verständnis. Nach Schleiermacher bedeutet die hermeneutische Auslegung von Texten darüber hinaus, daß bei der Interpretation von Texten auch (a) die Individualität seines Autors berücksichtigt wird und daß (b) vor allem die Textaussagen nicht nur in ihrem *sprachlichen,* sondern auch in ihrem *historisch konkreten Lebens- bzw. Entstehungszusammenhang* betrachtet werden müssen.

Aus dieser Forderung, den Text (als *Einzelnes*) in seinem historisch konkreten Lebenszusammenhang (also in einem *Ganzen*) auszulegen, erwächst ein Problem, das man den **„hermeneutischen Zirkel"** nennt. Das Problem besteht darin, daß man den (*einzelnen*) Text nur dann verstehen kann, wenn man den (*ganzen*) historisch konkreten Lebenszusammenhang, in dem er entstanden ist, versteht. Auf den Leser bezogen heißt dies: Textauslegung und Vorverständnis des Lesers bedingen sich wechselseitig. Das Vorverständnis bestimmt die Auslegung/Interpretation des Textes, wie umgekehrt die Auslegung/Interpretation des Textes das Vorverständnis beeinflußt. Nach Schleiermacher besteht nun das Problem für den Leser nicht darin, aus diesem Dilemma einen Ausweg zu finden, sondern vielmehr darin, einen richtigen Einstieg in den Zirkel zu finden.

Im „Handbuch wissenschaftstheoretischer Begriffe" leitet Arend Kulenkampff seine Begriffs-Erläuterung wie folgt ein:

„Wer versucht, Probleme der H. als...Methodenlehre geisteswissenschaftlicher Erkenntnis kritisch zu erörtern, steht einem kaum entwirrbaren Fragenknäuel gegenüber." (S. 271)

Hermeneutik ist keine einheitliche – einem festen Kanon von Regeln folgende – Methode. Stattdessen begegnen uns hermeneutische Interpretations-Methoden in fachspezifisch modifizierter Vielfalt:

Zum Beispiel kann man fragen:	**und kennt dies als Methode unter dem Namen**
nach dem Zusammenhang von Werk und Leben (warum hat Autor X das Werk geschrieben? was veranlaßte die Autorin Y gerade dieses Motiv zu wählen?)	biographische / historische
nach der Echtheit, Authentizität der Quellen (ist der vorliegende Text „echt"?)	quellengeschichtliche
nach Stileigentümlichkeiten	stilanalytische
danach, inwieweit ein Text reale gesellschaftliche Verhältnisse widerspiegelt	soziologische
nach sprachlichen Aspekten	philologische / linguistische / sprachanalytische
nach dem Vergleich mit anderen Texten oder Auffassungen	komparatistische
nach den weltanschaulichen Positionen	ideologie-kritische
nach der Auslegung von Bibel-Stellen	exegetische
nach dem Sinn eines Textes durch Auslegung der Textaussagen in (a) ihrem sprachlichen und (b) historischen Kontext und durch (c) intuitives Erfassen von Texten	hermeneutische

▶

nach der Bedeutung eines Textes als „Einzelerscheinung" (abstrahiert also von allen zeit- und biographiegeschichtlichen Informationen)	werk-, textimmanente

Berücksichtigt man diese beispielhaft genannten unterschiedlichen Methoden und betrachtet man die unter 1.1 erläuterten Texttypen, dann könnte man zu folgendem Urteil gelangen: Die argumentativen Texte sind am schwersten zu verstehen, schwerer zumindest als die beschreibenden, handlungsanleitenden, berichtenden Texte. Woran liegt das? Es liegt unseres Erachtens an zwei Gründen.

Erstens: am Ziel der Schreibtätigkeit. Wer mir sagt, was ich beim Ausfüllen eines bestimmten Antrags beachten muß, der instruiert; sein Ziel ist die Handlungsanleitung. Wer mir erklärt, worin der Unterschied zwischen einer individualpsychologischen und einer soziologischen Interpretation fiktionaler Literatur besteht, der erklärt; sein Ziel ist die Erklärung. Wer mir mitteilt, wie der Tag eines Brookers an der New Yorker Börse aussieht, der beschreibt; sein Ziel ist die Beschreibung. Wer schließlich darlegt, wie das Projekt zum Problem „xy" verlaufen ist, welche Ergebnisse erzielt wurden usw., der berichtet; sein Ziel ist der Bericht.

Es mag durchaus sein, daß das Motiv (nicht zu verwechseln mit dem Ziel der Tätigkeit, jenes fragt nach dem „Was will ich?", dieses fragt nach dem „Warum tue ich es?") der einzelnen Autoren sich vom Ziel ihres Textes unterscheiden kann (der Berichtende muß Rechenschaft ablegen; der Beschreibende will seine Darstellung anschaulicher machen, der Handlungsanleitende will seinen Text möglichst vielen Ratsuchenden verkaufen, und der Erklärende möchte ein gutes Lehrbuch schreiben). Für unseren Zusammenhang ist das einerlei. Auch der Produktion argumentativer Texte können völlig verschiedene Motive zugrunde liegen. Entscheidend allein ist der Umstand, daß sich das Ziel argumentativer Texte dem Leser häufig erst gegen Ende der Lektüre und manchmal überhaupt nicht erschließt. Wer z.B. einen Text mit dem Titel „Wir amüsieren uns zu Tode. Urteilsbildung im Zeitalter der Unterhaltungsindustrie" in Händen hält, kann nur vermuten, was ihn erwarten wird.

Sie werden in Ihrem Studium noch viele Male feststellen können: Bestimmte Texttypen folgen recht einheitlichen Bauplänen (zum Beispiel der „Bericht" und – wie wir später noch zeigen – eine Sonderform des Berichts, die „empirische Untersuchung"), und es ist für die Leser relativ leicht, Textinhalt und -intention zu verstehen.

Anders bei argumentativen Texten. Es gibt keine festgelegten Baupläne. Ob man mit einem Beispiel oder mit einem historischen Exkurs, ob man mit seiner Zentralthese oder einer Unterthese beginnt. Die – wenn man so sagen will – Dramaturgie ist dem Autor überlassen. Didaktisch aufbereitete Texte geben dem Leser zunächst in einer Zusammenfassung oder Vorausschau einen Überblick über die einzelnen Stationen und das Ziel der Lesereise, heben zentrale Aussagen durch Unterstreichungen oder Fettdruck hervor, benutzen metasprachliche Hinweise usw.

Zweitens: argumentative Texte sind auch deshalb schwerer zu erschließen als andere Texte, weil in diesen Texten Sprache nicht nur als Mittel gebraucht wird, um zu informieren, sondern auch um zu überzeugen, zu überreden, zu polemisieren, zu persiflieren usw. Sprache ist in argumentativen Texten nicht nur Träger von Information, sondern auch Ausdrucksmittel. Es ist auch deshalb für die Leser schwieriger, zwischen wesentlichen und weniger wesentlichen Aussagen zu unterscheiden.

Daher sollte man bei argumentativen Texten *wenigstens* zu erschließen suchen:

1. Wovon handelt der Text? (Thema / Problemstellung)

2. Was weiß ich über den Gegenstand des Textes?
   (Klärung des Vorverständnisses)

3. Welcher Aspekt der Problemstellung ist mir wichtig?
   (Klärung des eigenen Lesemotivs)

4. Was sagt der Text über seinen Gegenstand aus? (Aussage)

5. Welche Absicht verfolgt der Text? (Ziel / Intention)

Dazu ein Beispiel:

„Die gesprochene Wissenschaftssprache ist gekennzeichnet durch verdrehte Konjunktive, mit denen sich die Sprecherinnen und Sprecher von dem distanzieren, was sie gerade eben sagen: ,ich würde sagen (oder gar: meinen) wollen, daß ...' klingt, als ob eigentlich niemand redet, wenn aber jemand reden würde, dann ... Die dazugehörige Körpersprache ist ebenso voller Signale, die anzeigen, daß die redende Person eigentlich nicht richtig da ist: Blick ins Leere, nach innen, wie auf die Bibliotheken von Wissen gewandt, aus denen es auszuwählen gilt: zögerlich gewählte Worte mit ,ähms' und ,ahs' unterbrochen, spitzmündig angestrengt, mit geistig abgespreiztem kleinen Finger.

Ein weiterer charakteristischer Unterschied zur Alltagssprache ist eine Kompliziertheit des Redens, die nicht etwa der Schwierigkeit des Gedankens oder der Sache entspricht. Meist entsteht sie dadurch, daß vor dem Argument, das ausgesagt und begründet werden soll, schon alle möglichen

Gegenargumente – ohne sie zu nennen, versteht sich – widerlegt werden. Diese eingeflochtenen Nebenschachtelsätze (‚wobei hier nicht der poststrukturalistischen Wende das Wort geredet werden soll, aber …‘) scheinen einem Diskussionsbeitrag erst die höheren Weihen zu geben." (Wagner, S. 16)

Versuchen wir, die vorab formulierten Fragen zu beantworten:

Zu 1.: Thema des Textes ist die „Wissenschaftssprache".

Zu 2.: Versetzen wir uns einmal in Ihre Lage: Sie vermuten möglicherweise, daß diese Sprache schwerverständlich ist, allein wegen der vielen Fachtermini, und begreifen dies als ein Problem.

Zu 3.: Wir vermuten wiederum: Zu dessen Lösung möchten Sie erfahren, wie man wissenschaftssprachlich verfaßte Texte besser verstehen kann.

Zu 4.: Die zentralen Aussagen lauten: „Die Wissenschaftssprache ist durch verdrehte Konjunktive gekennzeichnet" und „Die Kompliziertheit des Redens entspringt nicht der Schwierigkeit des Gedankens oder der Sache".

Zu 5.: Welche Absicht verfolgt Wolf Wagner? Wir können es, da wir diese Textpassage aus dem Kontext gerissen haben, nur vermuten. Er will die Leser offenbar davon abhalten, sich eines solchen Stils zu bedienen.

Für eine kritische Auseinandersetzung mit Texten sind diese Fragen aber nur eine notwendige, keineswegs jedoch hinreichende Voraussetzung. Die fachwissenschaftlich modifizierten Methoden der Textauslegung bieten weitaus differenziertere Fragen-Kataloge an.

Für einen ersten Einstieg in den hermeneutischen Zirkel mag das folgende Schema (s. S. 75 f.) helfen, das wir in Anlehnung an einen Vorschlag von Dietrich Pukas erweitert haben.

Speck, J. (Hrsg.): Handbuch wissenschaftstheoretischer Begriffe. Bd. 2. Göttingen, Zürich 1980
Schischkoff, G.: Philosophisches Wörterbuch. Stuttgart 1991 (22. Aufl.)

„Man muß nie denken, dieser Satz ist mir zu schwer, der gehört für die großen Gelehrten, ich will mich mit den anderen hier beschäftigen, dieses ist eine Schwachheit, die leicht in eine völlige Untätigkeit ausarten kann. Man muß sich für nichts zu gering halten."
(Georg C. Lichtenberg, S. 158)

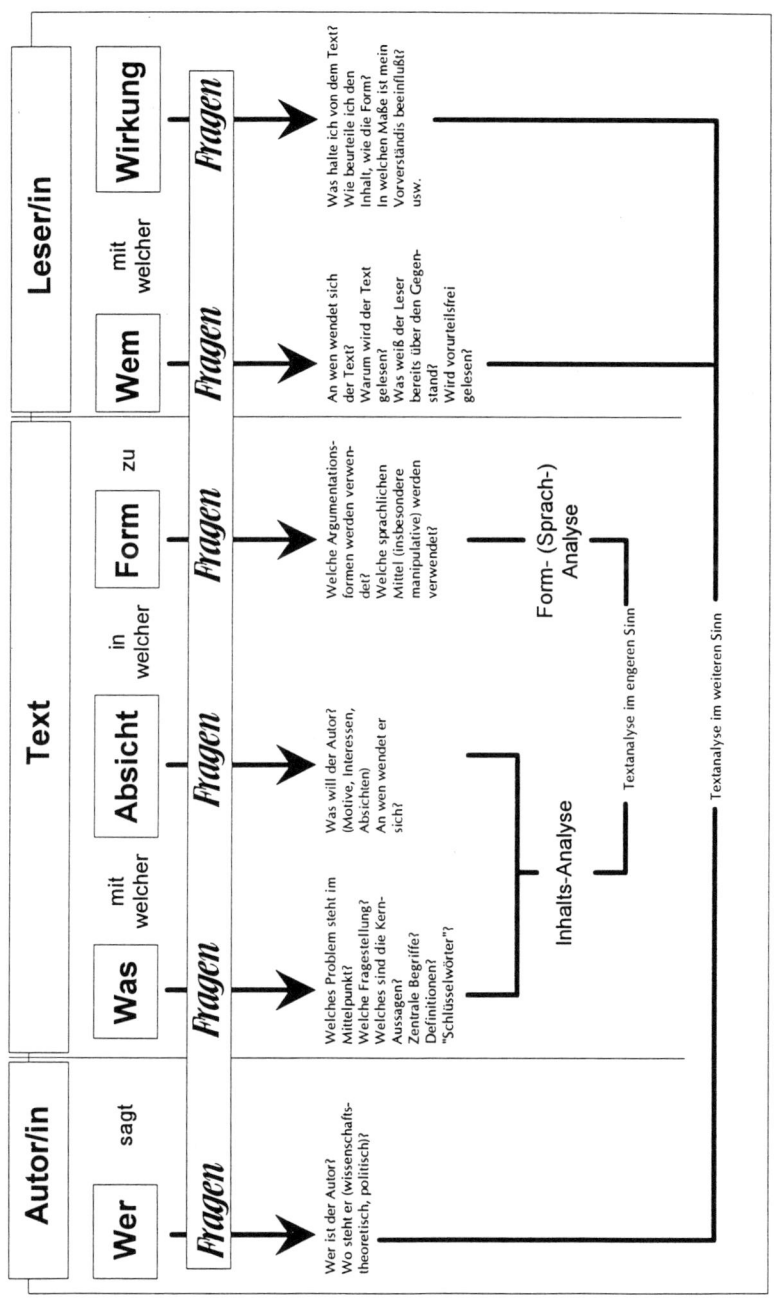

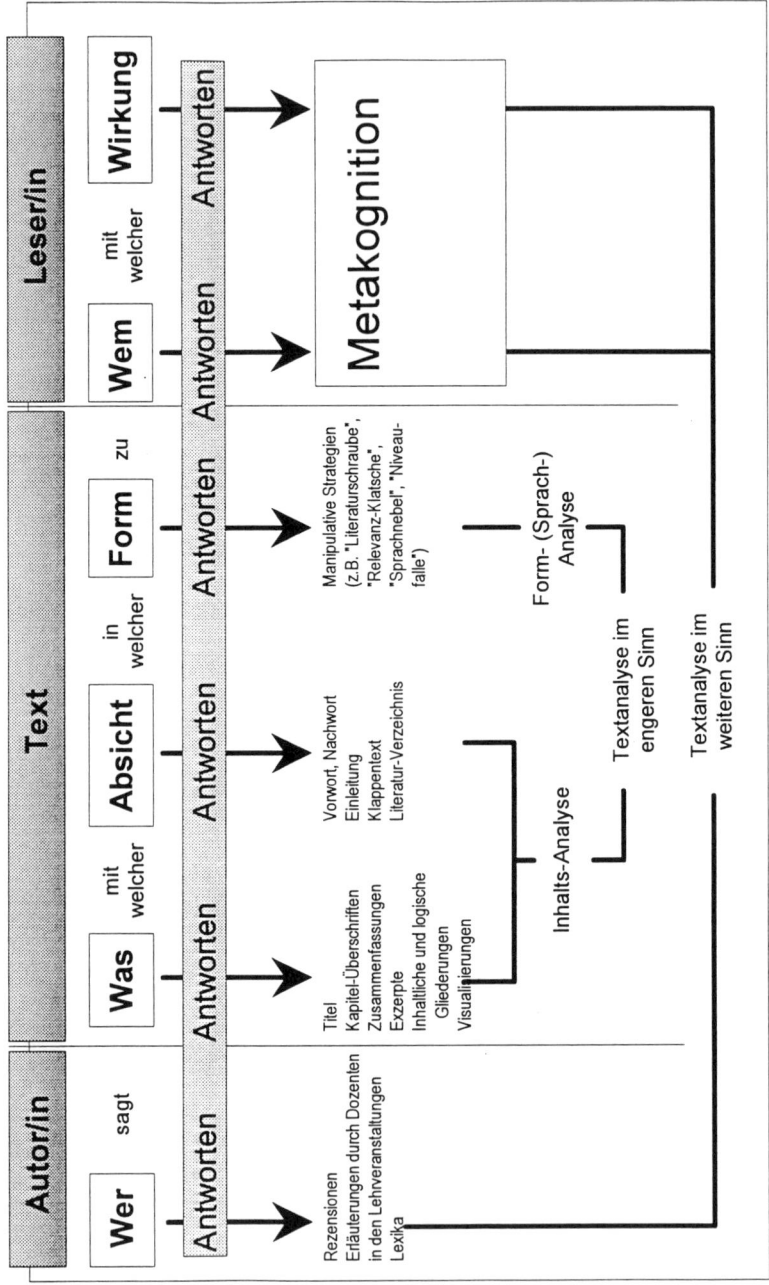

Erweitert in Anlehnung an Dietrich Pukas, Texterörterung – Aufsatzlehre für Praktiker. In: Zeitschrift für Berufs- und Wirtschaftspädagogik. Jg. 89, 1993, Heft 3, S. 302.

2.3 Empirie:
eine Methode der Sozialwissenschaften

Empirie (griech. = εμπειρια) heißt „wissenschaftliche Erfahrung". Empirische Untersuchungen sind erfahrungswissenschaftliche Forschungen, die sich direkt oder indirekt auf beobachtbare Sachverhalte beziehen. Mit Hilfe empirischer Methoden (Beobachtung, Befragung, Test, Experiment usw.) sollen Daten über die Wirklichkeit gewonnen werden. Da viele wissenschaftliche Texte auf der Grundlage empirischer Methoden bzw. Forschungs-Ergebnisse argumentieren, ist es für das Verständnis solcher Texte zweckmäßig, sich mit den empirischen Verfahren vertraut zu machen.

Folgender Hinweis erscheint uns dazu jedoch notwendig:

Der Ablauf empirischer Untersuchungen folgt zwar bestimmten Regeln, die allerdings wiederum vom wissenschaftstheoretischen Bezugsrahmen des jeweiligen Forschers abhängig sind. Die Vorstellung, es gäbe eine verbindliche Vorgehensweise für alle empirischen Verfahren, kennzeichnet Robert W. Travers folgendermaßen:

„Das ist eine Vorstellung, die aufgegeben werden müßte, ganz einfach deswegen, weil man mit einer Vielfalt von Prozeduren und Methoden zu wissenschaftlicher Erkenntnis kommt. Wissenschaftler weichen in dieser Hinsicht stark voneinander ab. Einige wenige sagen, sie gingen nach ‚der' wissenschaftlichen Methode vor. Ein paar lieben es, wenn sie nur einmal eine dumpfe Vorstellung von dem haben, was sie tun wollen, kleinweise Datenmaterial zu sammeln und behelfsmäßige Experimente durchzuführen .... Wieder andere beginnen ihre Exploration vielleicht, indem sie in benachbarten Bereichen weit herumlesen, ohne sich zuviel darum zu kümmern, was sie suchen oder finden. Einige bauen mächtig auf persönliche Ahnungen, während andere alles zurückweisen, was nach Intuition riecht. Techniken des Vordringens zu Erkenntnissen, wie sie im Verhalten der Wissenschaftler manifestiert werden, sind in hohem Grade persönlich und individuell. ‚Die' einfache Wissenschaftsformel, nach der alle wohlgesitteten Wissenschaftler vorgehen, gibt es nicht." (S. 21)

Welche Konsequenzen ergeben sich daraus für das Studium oder die Lektüre empirischer Untersuchungs-Berichte? Offensichtlich kann es – wenn es kein verbindliches Verfahren bei der Durchführung empirischer Untersuchungen gibt – auch kein einheitliches Verfahren der Beurteilung oder Kritik empirischer Forschungs-Berichte geben. Wie bei der Beurteilung wissenschaftlicher Argumente wird man einerseits auch hier wiederum den wissenschaftlichen Bezugsrahmen des jeweiligen Forschers identifizieren und entsprechend berücksichtigen müssen.

Andererseits werden Sie bei einem Vergleich verschiedener Kriterien-Kataloge zur Beurteilung oder zur Herstellung empirischer Arbeiten feststellen, daß es doch zahlreiche Beurteilungs-Kriterien (sozusagen Standards) gibt, über die Übereinstimmung besteht.*)

*) Vgl. neben den hier vorgestellten zum Beispiel
- die von der us-amerikanischen „American Educational Research Association" veröffentlichten **„Richtlinien für die Analyse von Forschungsberichten"** (abgedruckt in: Pädagogische Psychologie. Bd. 1, Frankfurt am Main 1973, S. 42-52; Strauß, S.: „Richtlinien für die Analyse von Forschungsberichten")
- die von der Deutschen Gesellschaft für Erziehungswissenschaft veröffentlichten **„Standards erziehungswissenschaftlicher Forschung"** (Zeitschrift für Pädagogik 32, 1986, 4, S. 597-602)
- die von der „American Sociological Association" empfohlenen **„Kriterien zur Bewertung eines soziologischen Forschungsberichts"** (zitiert in: Friedrichs, J.: Methoden empirischer Sozialforschung. Reinbek 1973, S. 395-396)

Wir wollen Ihnen im folgenden zwei Kriterien-Kataloge zur Beurteilung und ein Schematisierungs-Verfahren für die Darstellung empirischer Untersuchungs-Berichte vorstellen und die Anwendung dieser Instrumente an einem Beispiel demonstrieren.

Kriterien-Kataloge

Willi Wolf hat seinen Katalog in Form eines Flußdiagramms, Karlene H. Roberts und Detlef H. Rost haben ihren Katalog in Listenform dargestellt. Wolfs Checkliste ist sehr differenziert und eignet sich wohl eher für Studierende, die mit dem Thema „Empirie/Statistik" bereits vertraut sind. Die Liste von Roberts und Rost gibt dagegen auch den methodisch noch unerfahrenen Studierenden einen ersten Überblick über Mindestanforderungen empirischer Untersuchungen. Begriffe, die mit einem „*" versehen sind, haben wir im Anschluß an dieses Kapitel erläutert.

Der Katalog von Wolf

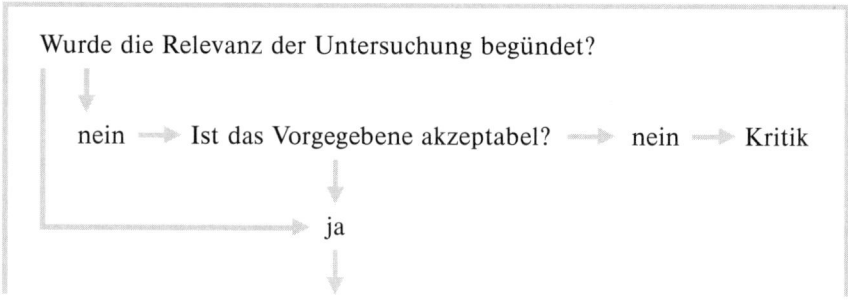

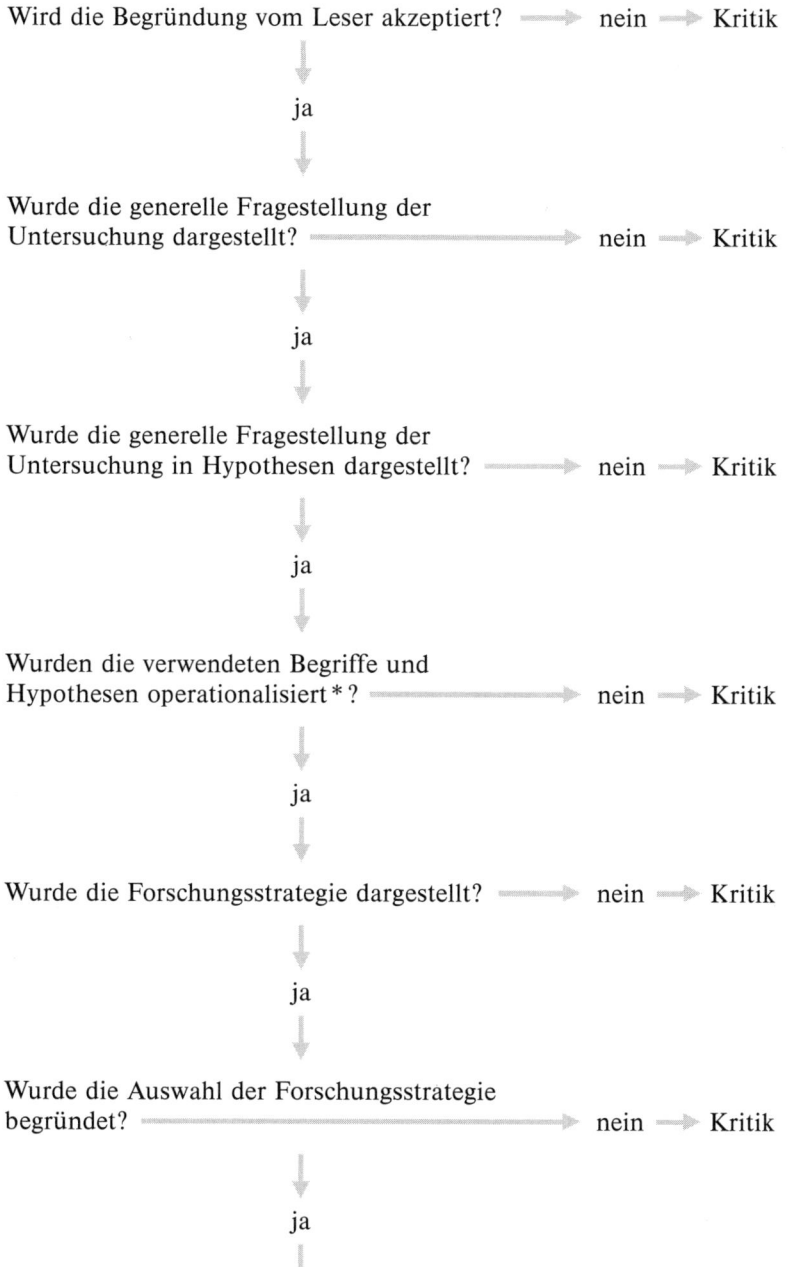

Wird die Begründung vom Leser akzeptiert? ⟶ nein ⟶ Kritik

ja

Wurde die generelle Fragestellung der
Untersuchung dargestellt? ⟶ nein ⟶ Kritik

ja

Wurde die generelle Fragestellung der
Untersuchung in Hypothesen dargestellt? ⟶ nein ⟶ Kritik

ja

Wurden die verwendeten Begriffe und
Hypothesen operationalisiert*? ⟶ nein ⟶ Kritik

ja

Wurde die Forschungsstrategie dargestellt? ⟶ nein ⟶ Kritik

ja

Wurde die Auswahl der Forschungsstrategie
begründet? ⟶ nein ⟶ Kritik

ja

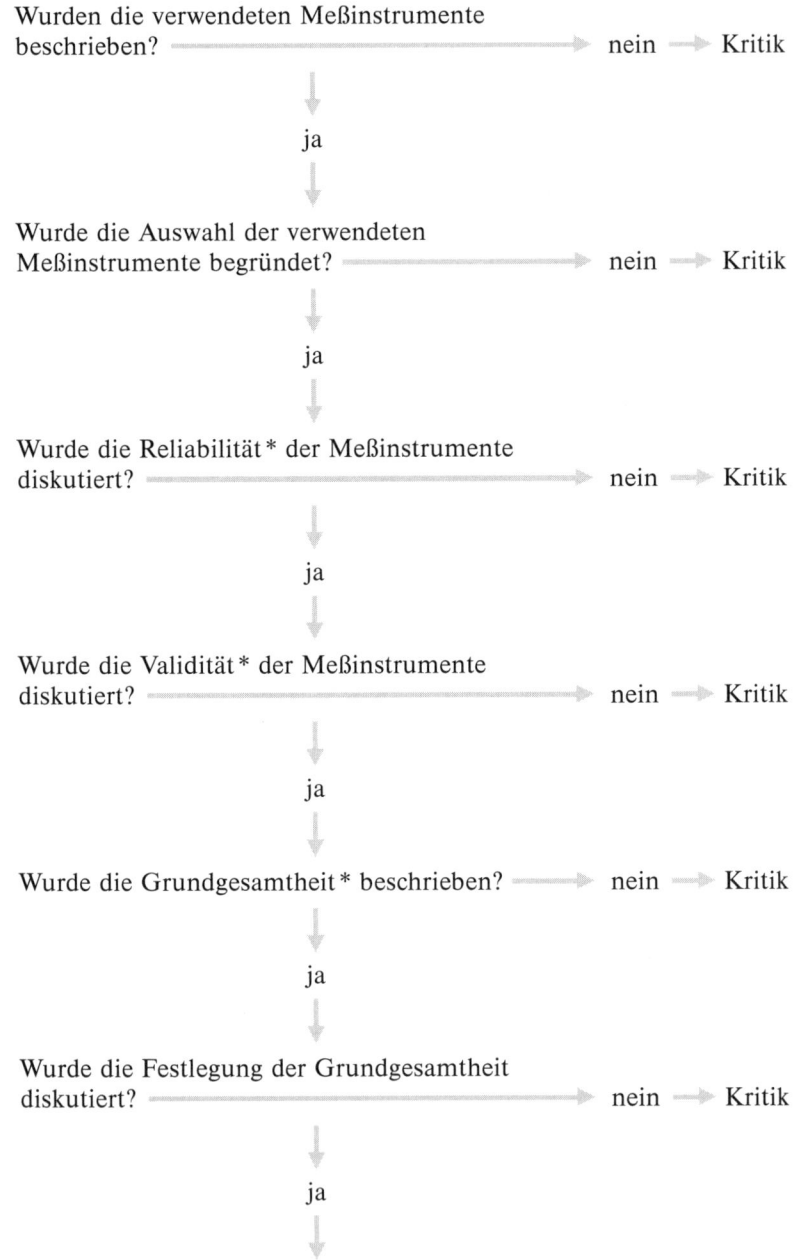

Wurden die verwendeten Meßinstrumente
beschrieben? ————————————→ nein —→ Kritik

ja

Wurde die Auswahl der verwendeten
Meßinstrumente begründet? ————→ nein —→ Kritik

ja

Wurde die Reliabilität* der Meßinstrumente
diskutiert? ————————————→ nein —→ Kritik

ja

Wurde die Validität* der Meßinstrumente
diskutiert? ————————————→ nein —→ Kritik

ja

Wurde die Grundgesamtheit* beschrieben? —→ nein —→ Kritik

ja

Wurde die Festlegung der Grundgesamtheit
diskutiert? ————————————→ nein —→ Kritik

ja

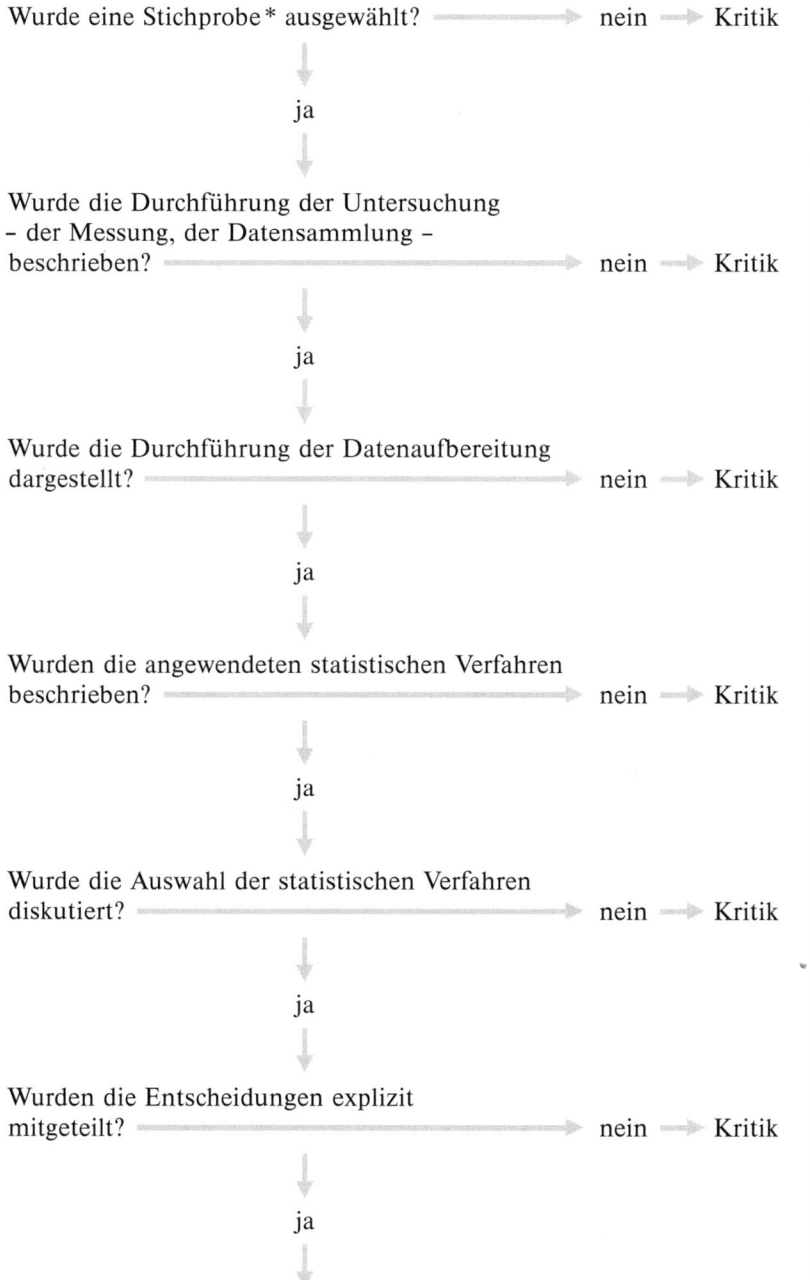

Wurde eine Stichprobe* ausgewählt? ————————▸ nein ⋯▸ Kritik

ja

Wurde die Durchführung der Untersuchung
– der Messung, der Datensammlung –
beschrieben? ————————————————▸ nein ⋯▸ Kritik

ja

Wurde die Durchführung der Datenaufbereitung
dargestellt? ——————————————————▸ nein ⋯▸ Kritik

ja

Wurden die angewendeten statistischen Verfahren
beschrieben? —————————————————▸ nein ⋯▸ Kritik

ja

Wurde die Auswahl der statistischen Verfahren
diskutiert? ———————————————————▸ nein ⋯▸ Kritik

ja

Wurden die Entscheidungen explizit
mitgeteilt? ———————————————————▸ nein ⋯▸ Kritik

ja

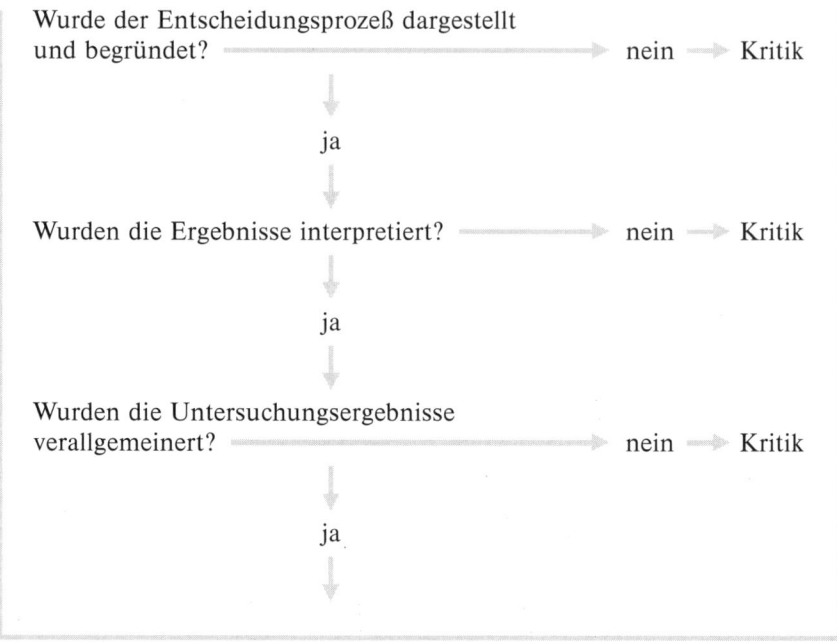

Der Katalog von Roberts und Rost

Die kursiv gesetzten Fragen werden von den Autoren als besonders wichtig erachtet.

Problemdarstellung

1. Wird das interessierende Problem verständlich dargestellt?
2. *Ist die gestellte Frage wichtig?*
3. Wird die Antwort zu neuen wissenschaftlichen Erkenntnissen führen?
4. Stellt die Antwort Entscheidungshilfen bereit?
5. *Ist das Problem gut expliziert, und werden die Eingrenzungen des Forschungsgebietes mit angegeben?*
6. Sind die verwendeten Konzepte verständlich?
7. Sind die Variablen so gut operationalisiert, daß sie ihre Relevanz für das Konzept und die Absicht der Untersuchung behalten?
8. Sind die formulierten Annahmen überhaupt sinnvoll (unter Berücksichtigung der Konzepte und Variablen)?

Methodik

1. Sind die Hypothesen auf erwartete Unterschiede hin formuliert?
2. *Könnte man die Untersuchung aufgrund der gegebenen Informationen exakt wiederholen?*
3. Ist die interessierende Population definiert und ausführlich beschrieben?
4. Ist die Stichprobenauswahl* adäquat? Angemessen? (...)
5. *Ist das Design* unter Berücksichtigung der durch das Problem gegebenen Grenzen adäquat?*
6. Sind die Messungen der unabhängigen und abhängigen Variablen* angemessen?
7. Werden nützliche Zusatzdaten erhoben?
8. *Kann die Untersuchung Aussagen über kausale Zusammenhänge oder Korrelationen liefern?*
9. Sind unter Berücksichtigung des Designs und der Stichprobe die Ergebnisse zu verallgemeinern?

Ergebnisse

1. *Sind die Beobachtungskategorien relevant?*
2. Schließen sich die Unterkategorien für jede Variable gegenseitig aus? Erfassen sie alle interessierenden Ereignisse? Sind die Kategorien für die verschiedenen Variablen voneinander unabhängig?
3. *Sind die statistischen Analysen den Daten angemessen?*
4. Erreichen die beobachteten Unterschiede statistische Signifikanz?
5. Sind sie auch praktisch bedeutsam?
6. *Werden die Ergebnisse verständlich und deutungsfrei dargestellt?*
7. Sind alle wichtigen Daten in der Arbeit mit aufgeführt?
8. Sind alle Abbildungen und Tabellen aus sich heraus verständlich?
9. Ist der Autor bereit, seine Daten für Nachrechnungen und zusätzliche Analysen zur Verfügung zu stellen?

Diskussion und Schlußfolgerungen

1. *Werden aus den Ergebnissen logische Schlüsse abgeleitet?*
2. Hat der Autor kausale Interpretationen von Korrelationen vermieden?
3. *Haben die Schlußfolgerungen irgendeinen praktischen oder wissenschaftlichen Wert?*
4. Sind die Generalisierungen angemessen?
5. Werden die Grenzen der Untersuchung deutlich angesprochen?
6. Werden noch unbeantwortete Fragen betrachtet?

Wolf, W.: Ein Flußdiagramm als Hilfe zur Beurteilung empirischer Untersuchungen. Zeitschrift für Pädagogik 19, 1973, 1, S. 63 ff.

Roberts, K. H.; Rost, D. H.: Analyse und Bewertung empirischer Untersuchungen. Hinweise zum Verständnis und zur Kritik erfahrungswissenschaftlicher Untersuchungen. Weinheim, Basel 1974 (2. Aufl.), S. 89 f.

Folgende Literatur, die zum Teil leider nicht mehr im Buchhandel erhältlich ist, ist unseres Erachtens empfehlenswert:

Erdmann, H.-W.; Petersen, J.: Strukturen empirischer Forschungsprozesse. 2 Bde. Ratingen, Kastellaun 1975 (vergr.)

Friedrichs, J.: Methoden empirischer Sozialforschung. Opladen 1990 (14. Aufl.)

Krapp, A.; Hofer, M.; Prell, S.: Forschungswörterbuch. Grundbegriffe zur Lektüre wissenschaftlicher Texte. München, Wien, Baltimore 1982 (vergr.)

„Bei manchem Werke eines berühmten Mannes möchte ich lieber lesen, was er weggestrichen hat, als was er hat stehen lassen.
Belehrung findet man öfters in der Welt als Trost."
(Georg C. Lichtenberg, S. 340)

Die V-Heuristik von Gowin und Novak

V-Heuristik ist ein Instrument zur Analyse, Planung und Darstellung von empirischen Untersuchungen. Das Verfahren wurde von Bob D. Gowin und Joseph D. Novak entwickelt. Es ist ein sehr einfaches Verfahren, wenn Sie sich zunächst einmal einen schematisierten Überblick über die wesentlichen Aspekte einer empirischen Untersuchung verschaffen möchten.

Theoretische Prämissen und Anwendung

Nach Ansicht von Gowin und Novak setzt sich die Struktur des Wissens aus neun verschiedenen Elementen zusammen, die sich in zweierlei Hinsicht unterscheiden und sich in einem „V" anordnen lassen:

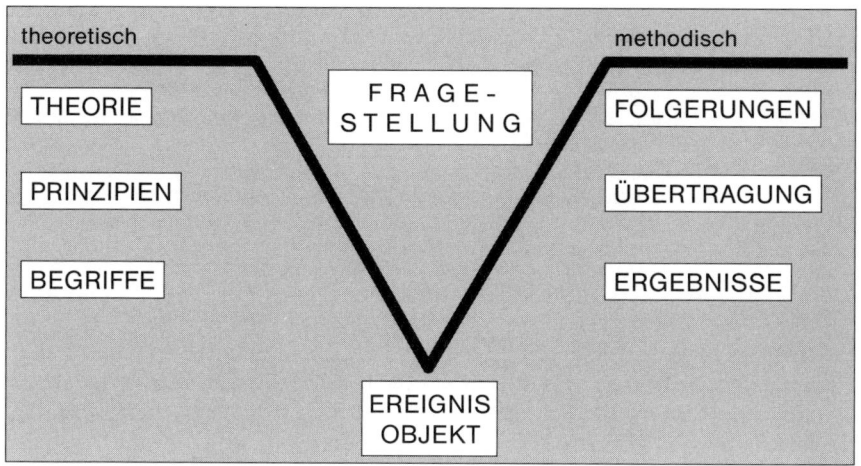

Zunächst zu der Unterscheidung in zweifacher Hinsicht:

Einerseits repräsentiert Wissen die Aktivität des *Denkens* (dies entspricht der theoretischen konzeptionellen Seite des Wissens). Andererseits repräsentiert Wissen die Aktivität des *Handelns* (dies entspricht der methodischen Seite des Wissens). Beide Seiten werden durch den Gegenstand, das Objekt oder das Ereignis der Forschung verbunden. Im Mittelpunkt des „V" steht die Fragestellung.

Nun zu den Elementen der Struktur des Wissens:

Zu den Elementen der *theoretisch-konzeptionellen Seite* gehören:

Die Begriffe (theoretische, empirische Begriffe, Begriffsinhalt und -umfang), Prinzipien (Grundsätze, Theoreme, Regeln, Gesetzmäßigkeiten), Theorie(n) (Aussagen zum Zwecke der Erklärung und Vorhersage von Zuständen und Ereignissen).

Zu den Elementen der *methodischen* Seite gehören:

Die Ergebnisse und ihre Aufzeichnung (Dokumente, Meßwerte, Diagramme, Tabellen usw.), die Übertragung, Aufbereitung (Transformation) der Ergebnisse (in Form von Statistiken, Tabellen usw.) und schließlich die Schlußfolgerungen.

Mit Hilfe der „V-Heuristik" ist es möglich, komplexe wissenschaftliche Forschungsarbeiten in einer übersichtlichen und leichter verständlichen Form darzustellen. Mit der Anwendung dieses Mittels als Analyse- und Planungs-

Instrument wird die Aufmerksamkeit auf alle forschungsrelevanten Gesichtspunkte und deren inneren Zusammenhang gelenkt.

Gowin, B. D.: The Structure of Knowledge. Educational Theory 20, 1979, 4, S. 319-328

Novak, J. D.: Concept Maps and Vee Diagrams: Two Metacognitive Tools to Facilitate Meaningful Learning. Instructional Science 19, 1990, S. 29-52

Das Beispiel

Wir wollen Ihnen im folgenden an einem Beispiel einer empirischen Untersuchung demonstrieren, was die Hilfsmittel (a) V-Heuristik, und (b) Kriterien-Katalog von Roberts und Rost bei der Unterstützung der kritischen Auseinandersetzung leisten können. Dabei spielt es keine große Rolle, wenn Ihnen der eine oder andere Fachbegriff im Abschnitt „Ergebnisse und Diskussion" unbekannt ist. Für die grundsätzliche Beurteilung dieser empirischen Untersuchung ist dies unerheblich. Hier nun der Text:

Johnson, Darwin; Wen, Shih-Sung:
Die Auswirkungen richtiger und falscher Textmarkierungen auf das Leseverständnis unter Zeitbeschränkungen. Psychology in School 13, 1976, S. 454-456 (Übers. J. Stary)
Der Lehrplan des Colleges hängt in starkem Maße von Lehrbüchern und Bibliothekshinweisen ab. Diese Lehrmaterialien werden gewöhnlich mehr als einmal benutzt, besonders jene Lehrbücher, die von den Lehrenden als Pflichtlektüre genannt werden. Kennzeichnenderweise markieren Studierende in Büchern die Passagen, die ihnen wichtig erscheinen und ihnen das Lernen erleichtern. Da nun jeder Studierende unterschiedliche Textpassagen markieren wird, können Markierungen also durchaus unterschiedlichen Zwecken dienen. Sie können den Studierenden bei der Vorbereitung auf Tests helfen oder nicht helfen. Sind die Markierungen für die Studierenden nützlich, können sie die Leistung in den Tests verbessern. Auf der anderen Seite können falsche Markierungen die Testleistung eines Studierenden auch negativ beeinflussen; vor allem dann, wenn der Studierende nicht in der Lage ist, die Absicht zu erkennen, die ein Leser mit einer Unterstreichung verbunden hat. (...)
(...)
Der Einfluß von Markierungen auf das Leseverständnis unter Zeitdruck wurde bei Studierenden an Colleges bislang selten untersucht. Die Absicht dieser Untersuchung bestand darin, die Auswirkungen von Markierungen auf das Leseverständnis unter Zeitdruck zu erforschen. Die Untersuchung sollte auf folgende Fragen Antworten geben: (a) Werden beim Lesen unter Zeitdruck markierte Passagen konsequent gelesen, nicht aber nach der mit der Markierung verbundenen Absicht befragt? (b) Unterscheiden sich die Studierenden hinsichtlich ihrer Kurs-Noten (über oder unter der Durchschnitts-Note)?

Methode:

Stichprobe:
262 schwarze College-Studierende aus dem Kurs für allgemeine Psychologie, nach dem Zufallsprinzip in eine Experimental- und eine Kontrollgruppe aufgeteilt.

Abhängige Variable:
Zwei Tests; (a) der „California Test of Mental Maturity"; und zum Messen des Leseverständnisses (b) eine modifizierte Version von „Test 7" (der letzte von sieben Tests, die ursprünglich die „allgemeine Intelligenz" messen).

Unabhängige Variable:
Die Markierungen. Test 7 enthält in seiner ursprünglichen Version 25 Multiple-Choice-Fragen (mit jeweils vier Wahlmöglichkeiten), die sich auf eine zweiseitige, mündlich vorgetragene Erzählung beziehen. In der Untersuchung wurde der Text in schriftlicher Form präsentiert. Die Studierenden hatten 2 1/2 Minuten Zeit zum Lesen, für die Beantwortung der 25 Fragen bestand keine Zeitbeschränkung. Die Markierungen wurden mit einem gelben Markierungsstift vorgenommen. Der Text wurde in drei Markierungs-Varianten präsentiert: Variante 1 (75 % richtige, 25 % falsche Markierungen), Variante 2 (25 % richtige, 75 % falsche Markierungen), Variante 3 (50 % richtige, 50 % falsche Markierungen).

Durchführung:
Die Text-Varianten wurden auf die Studierenden wie folgt verteilt: Gruppe 1 erhielt Text-Variante 1, Gruppe 2 erhielt Text-Variante 2, und Gruppe 3 (die Kontrollgruppe) erhielt Variante 3. Den Studierenden wurde nicht der eigentliche Zweck der Untersuchung, sondern lediglich mitgeteilt, es handele sich um einen Test, der das Leseverständnis messen sollte. Sie wurden weiterhin darauf aufmerksam gemacht, daß die zum Lesen zur Verfügung stehende Zeit nicht ausreichen würde, den Text zu Ende zu lesen, und es deshalb ratsam wäre, so schnell wie möglich zu lesen. (...) Für jede richtige Testantwort gab es einen, für eine falsche Antwort keinen Punkt. Die Noten der Studierenden im Kurs „Allgemeine Psychologie" wurden in z-Werte transformiert.

Ergebnisse und Diskussion

Die varianzanalytische Auswertung der Daten (2 x 3 ANOVA) zeigte (a) in Hinblick auf die verschiedenen Text-Varianten signifikante Unterschiede zwischen den Gruppen; $F_{(2,246)} = 12.45$, p. 01 und in Hinblick auf die Kurs-Noten (b) ebenfalls signifikante Unterschiede zwischen den Gruppen (Note über oder unter der Durchschnitts-Note); $F_{(1,246)} = 18.32$, p. 01.
Die statistische Analyse zeigte hinsichtlich der ersten Frage unserer Untersuchung, daß die Art des Markierens einen Einfluß auf das Leseverständnis (beim Lesen unter Zeitdruck) hat: Richtige Markierungen begünstigen, falsche Markierungen beeinträchtigen das Leseverständnis.
Die statistische Analyse zeigte hinsichtlich der zweiten Frage unserer Untersuchung, daß Studierende mit einer über dem Durchschnitt liegenden Kurs-Note bei allen drei Text-Varianten besser abschnitten als Studierende mit einer Kurs-Note unter dem Durchschnitt. Wie zu erwarten war, zeigten sich

keine signifikanten Zusammenhänge zwischen den Kurs-Noten und den Testergebnissen zum Leseverständnis bei verschiedenen Text-Varianten; $F_{(2,246)} = .37$, nicht signifikant.
Die Ergebnisse der Untersuchung weisen Lehrende auf drei Hilfestellungen hin, um das Leseverständnis der Studierenden zu verbessern: (a) Entfernen Sie falsche Markierungen aus den Lehrbüchern, (b) unterrichten Sie die Studierenden darin, in Lehrmaterialien vernünftig zu markieren, und (c) informieren Sie die Studierenden, daß im Falle falscher Markierungen Vorsicht geboten ist, um negative Auswirkungen auf das Leseverständnis zu verringern.

Setzen wir uns nun mit dieser Untersuchung **kritisch** auseinander.

Schritt 1: Schematisierung des Textes mit Hilfe der V-Heuristik

Die Übertragung der wesentlichen Daten in das „V" ist in unserem Beispiel recht einfach.

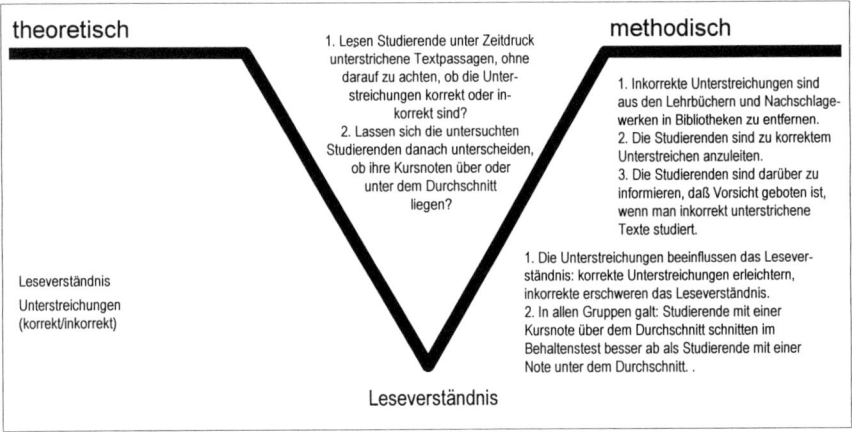

Schritt 2: Anwendung des Kriterien-Katalogs von Roberts und Rost

Aspekt / Frage	Antwort	Begründung / Kommentar
Aspekt „Problemdarstellung"		
1. Wird das interessierende Problem verständlich dargestellt?	Ja!	

Aspekt / Frage	Antwort	Begründung / Kommentar
2. Ist die gestellte Frage wichtig?	Nein!	Es wird eine Situation als problematisch hingestellt. Das Problem sind „unkorrekte" Unterstreichungen in Lehrbüchern und Nachschlagewerken in Bibliotheken durch Studierende. Solche Unterstreichungen können – so die Autoren – die Testleistung von Studierenden negativ beeinflussen, wenn diese nicht in der Lage sind, die Unterstreichungen als unkorrekt zu entdecken. Es ist schon hier offensichtlich, daß – wie immer das Ergebnis lauten mag – man an diesem Problem kaum etwas ausrichten dürfte. Das Problem ist trivial.
3. Wird die Antwort zu neuen wissenschaftlichen Erkenntnissen führen?	Eher nein!	Wenn das Problem trivial ist, dann dürften die Antworten wohl kaum anspruchsvoller sein.
4. Stellt die Antwort Entscheidungshilfen bereit?	Ja!	Aber diese Entscheidungshilfen sind wiederum so selbstverständlich, daß es einer wissenschaftlichen Untersuchung nicht bedurft hätte.
5. Ist das Problem gut expliziert, und werden die Eingrenzungen des Forschungsgebiets mit angegeben?	Nein!	Der für die Untersuchung zentrale Begriff „Leseverständnis" wird von den Autoren nicht erläutert.
6. Sind die verwendeten Konzepte verständlich?	Nein!	Die Untersuchung vollzieht sich im „theoriefreien Raum".
7. Sind die Variablen so gut operationalisiert, daß sie ihre Relevanz für das Konzept und die Absicht der Untersuchung behalten?	Ja/ Nein!	Die abhängige Variable „Leseverständnis" wird durch Punktwerte in einem Wiedergabe-Test definiert. Es gibt zwei unabhängige Variablen, einmal die Kurs-Noten verschiedener Dozenten (wobei offen bleibt, welchen Begriff die

Aspekt / Frage	Antwort	Begründung / Kommentar
		Kurs-Noten operationalisieren), zum anderen die Unterstreichungen. Hier unterscheiden die Autoren „korrekte" und „unkorrekte" Unterstreichungen (lassen allerdings offen, was als „korrekte" bzw. „unkorrekte" Unterstreichung gelten darf.
8. Sind die formulierten Annahmen überhaupt sinnvoll?		Die Autoren formulieren keine Hypothesen!

Aspekt „Methodik"

Aspekt / Frage	Antwort	Begründung / Kommentar
1. Sind die Hypothesen auf erwartete Unterschiede hin formuliert?	Nein!	Die Autoren formulieren keine Hypothesen, werden aber vermutlich Unterschiede erwartet haben.
2. Könnte man die Untersuchung aufgrund der gegebenen Informationen exakt wiederholen?	Nein!	Wir kennen weder den Text, noch die drei unterstrichenen Text-Varianten, und uns fehlen exakte Angaben über die untersuchte Population (siehe Frage 3).
3. Ist die interessierende Population definiert und ausführlich beschrieben?	Nein!	Wir erfahren, es sind schwarze Studierende (warum nur schwarze Studierende?) aus den Kursen für „allgemeine Psychologie". Geschlecht und Alter der Studierenden werden nicht angegeben.
4. Ist die Stichprobenauswahl adäquat?	?	Das läßt sich nicht beantworten. Es drängen sich folgende Fragen auf: – Würden sich die Resultate auch bei einer rein „weißen" Stichprobe zeigen? – Warum erwähnen die Untersuchenden, daß es sich bei der Stichprobe um „schwarze" Studierende handelte?

Aspekt / Frage	Antwort	Begründung / Kommentar
5. Ist das Design unter Berücksichtigung der durch das Problem gegebenen Grenzen adäquat?	Nein!	Das Design ist hochgradig künstlich und realitätsfremd. Den Studierenden stehen in der Untersuchung nur 2 1/2 Minuten für die zweiseitige Textlektüre zur Verfügung. Daran (in welchem zeitlichen Abstand?) schloß sich ein Behaltenstest an. Welchen Grund sollte es für Studierende geben, in der Bibliothek oder zu Hause sich solch extreme Zeitbeschränkungen aufzuerlegen?
6. Sind die Messungen der unabhängigen und abhängigen Variablen angemessen?	?	Das kann nur beantwortet werden, wenn man den Test kennt.
7. Werden nützliche Zusatzdaten erhoben?	?	
8. Kann die Untersuchung Aussagen über kausale Zusammenhänge oder Korrelationen liefern?	Ja!	Aber diese Aussagen sind schwer zu interpretieren, weil die exakte Darstellung der Testergebnisse fehlt.
9. Sind unter Berücksichtigung des Designs und der Stichprobe die Ergebnisse zu verallgemeinern?	Nein!	
Aspekt „Ergebnisse"		Da die Autoren nur die Ergebnisse der statistischen Auswertung, aber weder die Ergebnisse des Leseverständnis-Tests, noch der erhobenen Kurs-Noten mitteilen, läßt sich dieser Aspekt nicht beurteilen, sondern nur die Form der Ergebnis-Darstellung bemängeln.

Aspekt / Frage	Antwort	Begründung / Kommentar
Aspekt „Diskussion und Schlußfolgerungen"		
1. Werden aus den Ergebnissen logische Schlüsse abgeleitet?	Nein!	Es werden praktische Empfehlungen aus den Ergebnissen abgeleitet.
2. Hat der Autor kausale Interpretationen von Korrelationen vermieden?	Ja!	
3. Haben die Schlußfolgerungen irgendeinen praktischen oder wissenschaftlichen Wert?	Nein!	Sie sind trivial und realitätsfremd; trivial sind die beiden letzten Empfehlungen, realitätsfremd die erste (es sei denn, die Autoren würden in Zukunft keine empirischen Untersuchungen mehr durchführen, sondern in Bibliotheken die Unterstreichungen von Studierenden aus den Lehrbüchern und Nachschlagewerken entfernen).
4. Sind die Generalisierungen angemessen?	Nein!	
5. Werden die Grenzen der Untersuchung deutlich angesprochen?	Nein!	
6. Werden noch unbeantwortete Fragen betrachtet?	Nein!	

Erklärung der in diesem Kapitel verwendeten Begriffe

Wir haben in diesem Kapitel viele Fachbegriffe verwendet, die wir Ihnen nun erläutern möchten. Da dieses Buch verständlicherweise nicht ein Studium der Fachliteratur zum Thema „Einführung in die empirischen und statistischen Methoden der Sozialwissenschaften" ersetzen kann, müssen auch diese Begriffs-Erläuterungen notgedrungen recht allgemein sein. Wir haben versucht, die Erläuterungen durch jeweils ein Beispiel zu veranschaulichen. Alle Beispiele beziehen sich auf das Thema „Studienerfolg".

Forschungs-Design	Forschungsplanung, -strategie (z.b. Experiment, Befragung)
Grundgesamtheit	Population, Menge aller denkbar möglichen Werte (Personen)
	Beispiel: Wollte man also das Merkmal „Studienerfolg" untersuchen, dann bestünde die Grundgesamtheit aus allen Studierenden an allen Hochschulen auf der Erde. Da sich solche Untersuchungen aber praktisch nicht durchführen lassen, beschränkt man sich auf eine Teilmenge. Diese Teilmenge nennt man „Stichprobe".
operationale Definition	Ersatz der in einer Hypothese verwendeten theoretischen Begriffe durch empirisch wahrnehmbare Begriffe.
	Beispiel: „Studienerfolg"; dieser Begriff ließe sich durch Begriffe wie z.b. „Examensnote" oder „Studiendauer" oder aber „berufliche Tauglichkeit" operational definieren.
Reliabilität	Zuverlässigkeit. Ein empirisches Instrument ist dann reliabel, wenn es ein zu ermittelndes Merkmal zuverlässig erfaßt, d.h. bei wiederholter Anwendung in einem zeitlich geringen Abstand zu dem gleichen Ergebnis führt.
	Beispiel: Kommen in einer mündlichen Prüfung zwei Prüfer zu einer sehr stark voneinander abweichenden Beurteilung, dann kann dieses Prüfungs-Verfahren als wenig reliabel bezeichnet werden.
Stichprobe	Siehe „Grundgesamtheit".
Validität	Gültigkeit. Ein empirisches Instrument ist dann valide, wenn es das, was es zu messen vorgibt, auch wirklich mißt.
	Beispiel: Mißt die Prüfung – ausgedrückt durch eine Note – wirklich Studienerfolg?
Variablen	Veränderliche. Darunter versteht man in einer empirischen Untersuchung ein zu untersuchendes Merkmal, das mindestens zwei Ausprägungen annehmen kann. Man unterscheidet abhängige und unabhängige Variablen. Als unabhängig werden jene

Variablen bezeichnet, die von den Forschern als
„verursachend" oder als „beeinflussend" in Hinblick
auf die abhängige Variable behauptet werden.

*Beispiel: „Studienerfolg" wäre eine abhängige Variable,
die durch denkbar viele unabhängige Variablen
beeinflußt/verursacht sein könnte: z.B. durch die Lehr-
kompetenz der Lehrenden oder den Fleiß oder die
Intelligenz oder durch die finanzielle Absicherung der
Lernenden; Student X muß während seines Studiums
jobben, Studentin Y kann sich aufgrund der
finanziellen Unterstützung ihrer Eltern ganz auf ihr
Studium konzentrieren.*

3. Wie man Texte bearbeiten und Gelesenes festhalten kann

Worum geht es im 3. Kapitel?

In diesem Kapitel zeigen wir Ihnen:

3.1 Gelesenes festhalten
Wir stellen Ihnen einige „traditionelle" Verfahren vor: die Kartei-Systeme „Verfasser-", „Exzerpt-" und „Reiter-Kartei".
Der PC ist nicht nur ein Arbeitsmittel, um Texte zu produzieren, sondern aus nahezu allen Bereichen wissenschaftlicher Arbeit schon gar nicht mehr wegzudenken. Wir können hier allerdings die vielfältigen Möglichkeiten des PC (d. h. aber genau genommen: der Programme) nur streifen.

3.2 Texte zusammenfassen
Damit Gelesenes besser verarbeitet und behalten wird, ist es ratsam, Texte zusammenzufassen. Sei es mit dem Ziel, die wesentlichen Textaussagen festzuhalten (den Text also zu reduzieren), sei es mit dem Ziel, die logisch-argumentative Struktur eines Textes zu rekonstruieren.

3.3 Texte visualisieren
Eine weitere Möglichkeit, Textinhalte sowohl in inhaltlicher als auch logisch-argumentativer Hinsicht zu erarbeiten, ist die Übertragung eines Textes in eine „Visualisierung".

> *Die blasseste Tinte ist besser als das beste Gedächtnis.*
>
> (Chin. Sprichwort)

3.1 Gelesenes festhalten

Im Studium werden Sie wahrscheinlich Hunderte von Texten lesen. Leider, aber auch erfreulicherweise, können wir uns nur einen Bruchteil dessen, was wir gelesen haben, merken. Wir sind auf externe „Gedächtnisse" (Speicher) angewiesen.

Zettel, Ordner, Hefte

Die einfachste Möglichkeit besteht darin, alle Lesenotizen auf lose Blätter zu schreiben und in Ordnern abzulegen. Diese Form des Sammelns ist zwar recht problemlos durchzuführen, sie ist aber nicht effizient. Das bekommen Sie spätestens dann zu spüren, wenn sich die Zahl Ihrer Ordner vergrößert hat und Sie zu einem bestimmten Thema (über das Sie beispielsweise ein Referat schreiben sollen) Ihre Lesenotizen nutzen möchten. Die blasse Erinnerung „Zu diesem Aspekt hat sich doch die Autorin X geäußert" mag zwar für den Moment tröstlich sein. Das Nachdenken und die Suche indes, in welcher Veröffentlichung sie sich zu diesem Aspekt geäußert hat und vor allem auf welchem Zettel in meinen Ordnern diese Äußerungen möglicherweise zu finden sind, rauben Nerven und vor allem Zeit. Nicht selten ist man gezwungen, sämtliche Aufzeichnungen durchzusehen. Es ist klar, daß ein solches System nur auf einen Literaturbestand von wenigen Büchern und Aufsätzen anzuwenden, bei größeren Literatur-Beständen aber völlig unangemessen ist.

Noch weniger ratsam ist die Arbeit mit Heften. Diese sind zumeist mit Fäden gebunden und „sträuben" sich gegen ein Herausreißen einzelner Blätter. Werden Lesenotizen aus unterschiedlichen Themen-Gebieten in Heften festgehalten, dann ist es noch schwerer, den Überblick zu behalten. Zumindest müßte jedes Heft, nachdem es vollgeschrieben ist, mit einem Inhalts-Verzeichnis versehen werden. Der größte Nachteil besteht aber darin, daß eine Neuordnung der Notizen unter neuen Aspekten unmöglich ist, entschließt man sich nicht doch, Blätter herauszureißen und somit zur vorab erwähnten Zettel-Methode überzugehen.

Wir plädieren deshalb für andere Verfahren. Zunächst für **das** traditionelle Verfahren, die Arbeit mit Karteikarten.

Kartei-Karten und Kartei-Systeme

Gegenüber Zetteln, Ordnern und Heften hat die Arbeit mit Kartei-Karten den großen Vorteil, daß sie nach speziellen Erfordernissen (siehe unten) zu ordnen sind und einen raschen Zugriff auf die Lesenotizen ermöglichen.

Kartei-Karten gibt es in den Größen DIN A 7 bis DIN A 5. Für welche Größe man sich entscheidet, hängt davon ab, welches Kartei-System man wählt. Grundsätzlich sollten Kartei-Karten nur einseitig beschriftet werden. Die Karten werden in Kästen (aus Holz, Plastik, Pappe) aufbewahrt und gegebenenfalls mit Hilfe von alphabetischen oder inhaltlich orientierten Leitkarten sortiert.

Kartei-Systeme

Es gibt viele Möglichkeiten der Karteiführung. Die gebräuchlichsten wollen wir Ihnen vorstellen. Es sind dies die Verfasser-, Exzerpt- und Reiter-Kartei.

Verfasser-Kartei

Zweck:
Wenn man die bibliographischen Angaben von Büchern, Sammelwerken oder Zeitschriften-Aufsätzen festhalten möchte, empfiehlt es sich, eine Verfasser-Kartei zu führen, in der die Angaben nach Verfassern sortiert und Namen alphabetisch geordnet werden. Problem: So erhält man zwar eine für die eigenen Zwecke bestens geordnete Privat-Bibliographie, handelt sich aber das Problem ein, für unterschiedliche inhaltliche Zwecke unterschiedliche Verfasser-Karteien führen zu müssen.

Karten-Format:
Wir empfehlen DIN A 7. Größere Formate sind nicht notwendig, kleinere Formate reichen aber in der Regel für die festzuhaltende Information nicht aus.

Ordnung:
alphabetisch nach den Namen der Autoren.

Inhalt:
Autoren-Name, Sachtitel, Erscheinungsort und -jahr bei Büchern, gegebenenfalls die Fundstelle (in der Regel die Bibliotheks-Signatur), bei Zeitschriften-Aufsätzen den Namen der Zeitschrift, den Jahrgang, das Jahr, die Heft-Nummer und die Seitenzahl.

Beispiel Buch-Titel:

Meehan, Eugene J.:
Praxis des wissenschaftlichen
Denkens. Ein Arbeitsbuch für
Studierende.
Reinbek bei Hamburg 1992

Beispiel Aufsatz-Titel:

Bromme, *Rainer;* **Rambow,** *Riklef:*
Empfehlungen für die Vorberei-
tung und die mündliche Präsen-
tation von Referaten.
Das Hochschulwesen 41, 1993, 6,
S. 289 - 295

Exzerpt-Kartei

Unter „Exzerpieren" versteht man das auszugsweise Wiedergeben eines Textes. Hierbei kann es sich um wörtliche oder paraphrasierende (freie, nur den Sinn wiedergebende) Auszüge handeln. Auf das Exzerpieren gehen wir ausführlich in Kapitel 3.2 ein. Hier interessiert uns in erster Linie die technisch-organisatorische Form der Anlage einer Exzerpt-Kartei.

Zweck:
Bücher werden immer noch häufiger exzerpiert als Zeitschriften-Aufsätze. Vor allem deshalb, weil die Anschaffung von Büchern teuer ist und man nicht immer das ganze Buch braucht. Aber der Trend geht immer mehr dahin, überhaupt nicht mehr zu exzerpieren, sondern die entsprechenden, interessierenden Abschnitte zu fotokopieren. Zum Thema „Fotokopieren" sind schon viele ermahnende Zeigefinger in der einschlägigen Literatur erhoben worden. Trotz-

dem möchten wir uns hier der Auffassung eines prominenten Warners anschließen. Umberto Eco mahnt zur Vorsicht:

„Vorsicht: Fotokopien können zum Alibi werden! Fotokopien sind ein unerläßliches Hilfsmittel, sei es, um einen in der Bibliothek schon gelesenen Text zur Verfügung zu haben, sei es, um einen noch nicht gelesenen Text mit nach Hause zu nehmen. Aber oft werden Fotokopien als Alibi verwendet. Man trägt Hunderte von Foto-kopien nach Hause, man hat ein Buch zur Hand gehabt und mit ihm etwas unter-nommen und glaubt darum, es gelesen zu haben. Der Besitz der Fotokopien erspart die Lektüre. Das passiert vielen. Eine Art Sammel-Rausch, ein Neo-Kapitalismus der Information. Setzt euch gegen die Fotokopie zur Wehr. Habt ihr sie, so lest sie sofort und verseht sie mit Anmerkungen. Seid ihr nicht unter Zeitdruck, dann fotokopiert nichts Neues, ohne euch die vorherige Fotokopie angeeignet zu haben (und das heißt: gelesen und mit Anmerkungen versehen). Es gibt vieles, was man gerade des-halb nicht weiß, weil man einen bestimmten Text fotokopiert hat; so hat man sich der Illusion hingegeben, man hätte ihn gelesen." (1988, S. 162)

Dem wollen wir nichts hinzufügen. Nimmt man also die Mühe auf sich, Fotokopien nicht nur zu lesen, sondern auch zu verarbeiten, statt sie nur abzu-heften, dann sollte man dies auch so effizient wie möglich tun. Das Anlegen von Exzerpt-Karteien ist ein zeitaufwendiges, aber sowohl kurz- wie langfristig lohnendes „Geschäft". *Langfristig,* weil man sich einen großen Material-Bestand anlegt, auf den man immer wieder und in unterschiedlichen thema-tischen Verwendungs-Zusammenhängen zurückgreifen kann. *Kurzfristig,* weil Exzerpieren eine sehr aktive und behaltensfördernde Form der Erarbeitung von Texten ist. Nun zu den technischen Hinweisen:

Karten-Format:
Wir empfehlen DIN A 5. Das Format DIN A 4 ist zu groß, kleinere Formate reichen wiederum für die festzuhaltende Information nicht aus.

Inhalt:
Exzerpte unter einer allgemeinen oder spezifischen Fragestellung. Die Karte wird zweckmäßigerweise in vier Felder aufgeteilt (vgl. die folgende Abbildung). Die drei- bis vierzeilige Kopf-Zeile wird in zwei Spalten unterteilt. (1) In der linken Spalte wird das Titel-Zitat (siehe Verfasser-Kartei) eingetragen. (2) In der rechten Spalte kann das allgemeine Schlagwort, mit der das ganze Buch gekennzeichnet werden kann, oder aber nur die Seitenzahl der Exzerpt-Seiten eingetragen werden. Der – je nach Schriftgröße – 20- bis 25-zeilige Raum auf der Karte wird wiederum in zwei Spalten unterteilt. (3) In die linke (etwa 15 bis 17 cm breite Spalte) wird der Exzerpt-Text, mit den entsprechenden Verweisen auf die Seiten-Zahlen des Original-Textes versehen, eingetragen. Wörtliche Zitate sind zu kennzeichnen. (4) In die rechte Spalte trägt man inhaltliche, den Text erschließende, Schlagworte ein (vgl. das Verfahren „Inhaltliches Gliedern von Texten" in Kapitel 3.2).

Beispiel:

Wagner, Wolf: Uni-Angst und Uni-Bluff. Wie studieren und sich nicht verlieren. Berlin 1992	❶	Studium	❷

❸   ❹

Wissenschaft erscheint im Studium nur als Ergebnis, verborgen bleibt, wie diese Ergebnisse zustande gekommen sind.

Wissenschaft besteht aus zwei Teilen: dem Entstehungsprozeß (der ist schöpferisch, chaotisch, personenzentriert) und dem Rechtfertigungsprozeß (der ist streng logisch, systematisch, distanziert). Beide Prozesse gehören zwar zusammen; im herrschenden Wissenschaftsbegriff fällt jedoch der Entstehungsprozeß unter den Tisch (weil in ihm noch viele Unsicherheiten stecken, die Fragestellung noch schwankt, die Daten noch ungeordnet sind). (S. 76)

Wissenschaft: Ergebnis und Entstehung

Nun kann und wird aber in der Praxis ein Exzerpt eines Aufsatzes, das unter einer bestimmten Fragestellung angefertigt wird, immer auch Aussagen enthalten, die in einem anderen thematischen Kontext von Interesse sind. Manch geistreicher Ausspruch, manche empirischen Daten, manch überzeugende Argumentation mögen nicht nur für das eine, gerade jetzt zu bearbeitende, sondern vielleicht auch für ein anderes, später zu bearbeitendes Thema nützlich sein. Deshalb ist es sinnvoll, Lesenotizen in einem System zu erfassen, das es ermöglicht, auf diese Notizen unter einer Vielzahl thematischer Bezüge zurückgreifen zu können. Ein solches Kartei-System ist die

Reiter-Kartei

Ein „Reiter" ist eine Heftklammer aus Plastik oder Metall (sie werden auch in verschiedenen Farben angeboten). Die Reiter-Kartei ist eigentlich eine Exzerpt-Kartei, nur auf einer anders gestalteten Kartei-Karte. Dies ist der einzige, aber entscheidende Unterschied. Bei einer Reiter-Kartei-Karte ist die Kopfleiste mit einer Reihe von Nummern versehen (siehe die folgende Abbildung). Diese Nummern können mit Reitern bestückt werden, die über die Karte hinausragen. Die Reiter repräsentieren unterschiedliche thematische

Sachverhalte und vertreten gewissermaßen die inhaltlichen Schlagworte, die wir in der Exzerpt-Kartei in die rechte Randspalte geschrieben haben. Voraussetzung dafür, daß dieses Verfahren funktioniert, ist, daß Sie sich ein System oder einen Katalog von thematischen Schlagworten zusammenstellen, unter denen Sie die Literatur „verschlagworten".

Bleiben wir bei unserem Exzerpt-Beispiel. Denkbar wäre, daß wir zum Beispiel das Thema „Wissenschaftsbegriff (Was ist Wissenschaft?)" mit einem roten Reiter auf der Position 4 versehen hätten. Dies würde bedeuten, daß alle von uns gelesenen und exzerpierten Texte, die sich zum Thema „Wissenschaftsbegriff" äußern, mit einem roten Reiter auf der Position 4 versehen wären und zwar unabhängig von der Seitenzahl innerhalb eines Textes wie auch von der Reihenfolge verschiedener aufeinander folgender exzerpierter Texte.

Der Vorteil dieses Systems ist offenkundig. Anstatt alle Kartei-Karten durchsehen zu müssen, ziehen Sie aus Ihrem Kartei-Kasten nur noch die

Beispiel:

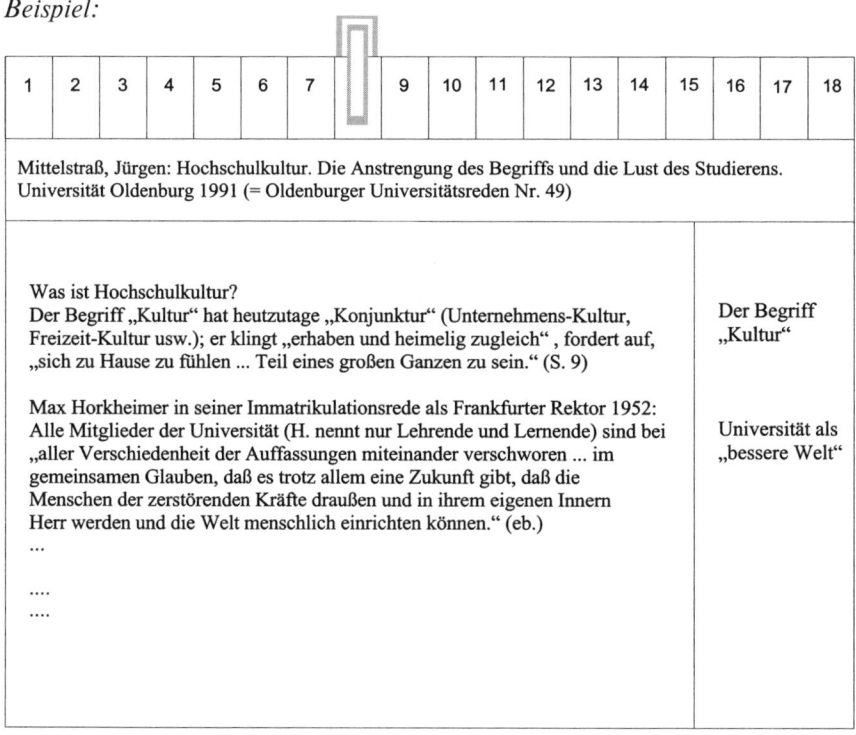

| 1 | 2 | 3 | 4 | 5 | 6 | 7 | | 9 | 10 | 11 | 12 | 13 | 14 | 15 | 16 | 17 | 18 |

Mittelstraß, Jürgen: Hochschulkultur. Die Anstrengung des Begriffs und die Lust des Studierens. Universität Oldenburg 1991 (= Oldenburger Universitätsreden Nr. 49)

Was ist Hochschulkultur?
Der Begriff „Kultur" hat heutzutage „Konjunktur" (Unternehmens-Kultur, Freizeit-Kultur usw.); er klingt „erhaben und heimelig zugleich", fordert auf, „sich zu Hause zu fühlen ... Teil eines großen Ganzen zu sein." (S. 9)

Der Begriff „Kultur"

Max Horkheimer in seiner Immatrikulationsrede als Frankfurter Rektor 1952: Alle Mitglieder der Universität (H. nennt nur Lehrende und Lernende) sind bei „aller Verschiedenheit der Auffassungen miteinander verschworen ... im gemeinsamen Glauben, daß es trotz allem eine Zukunft gibt, daß die Menschen der zerstörenden Kräfte draußen und in ihrem eigenen Innern Herr werden und die Welt menschlich einrichten können." (eb.)
...

Universität als „bessere Welt"

....
....

thematisch entsprechend „bereiterten" Karten heraus. Allerdings setzt dieses System noch einen zusätzlichen Arbeitsaufwand voraus. Sie müssen sich eine Liste aller Schlagworte und Reiter-Positionen und -Farben anlegen. Denn bei etwa 20 Reiter-Positionen und vielleicht sechs Reiter-Farben (= 180 Schlagworten) verlieren Sie sonst schnell den Überblick über die vielen Schlagwörter. Und noch etwas ist wichtig: Der einmal erarbeitete Schlagwort-Katalog muß konsequent angewendet werden. Dieser systemimmanente Zwang verweist zugleich auf einen der größten Nachteile dieses Kartei-Systems. Sie müssen viel Zeit in die Entwicklung des Schlagwort-Systems investieren. Denn wenn Sie später das Schlagwort-System – aus welchem Grund auch immer – ändern, dann müssen Sie im schlimmsten Fall alle Plätze der Reiter ändern.

In unserem Beispiel (s. S. 101) könnte der Reiter auf Position „8" mit dem Schlagwort „Universität" belegt sein. Würde man aber später das Schlagwort-System ändern und beispielsweise das Schlagwort „Universität" differenzierter aufschlüsseln, möglicherweise eine zweite Position diesem Schlagwort zuordnen (z.B. „Idee der Universität" = Position 8/gelb; „Universität/Ausland" = Position 8/blau usw.), so müßte man alle Karten mit einem Reiter auf Position 8 erneut lesen und mit hoher Wahrscheinlichkeit neu „bereitern".

> *„Das Buch der Zukunft ist rund."*
> *(K. W. Rößel; Entwicklungschef für elektronische Medien bei Sony)*

Der Personal Computer (PC)

Der PC ist zukünftig wohl überhaupt nicht mehr aus der wissenschaftlichen Arbeit „wegzudenken". Das betrifft nahezu alle wissenschaftlichen Tätigkeiten. Um hier nur einige zu nennen:

- ❏ das Schreiben wissenschaftlicher Texte
- ❏ das Verwalten von Daten (z.B. Literatur)
- ❏ die statistische Auswertung von Daten
- ❏ die Literatur-Recherche
- ❏ die Erstellung von Zahlen-Bildern oder sonstiger Veranschaulichungen für Referate mit Medien-Einsatz (Dia-, OH-Projektor, Wandzeitungen)
- ❏ das Planen und Steuern von Projekten

❏ die Herstellung selbstinstruierender Lehrmaterialien

Welche Rolle der PC beim *Verwalten von Daten (auch Texten)* und bei der *Literatur-Recherche* spielt, darauf möchten wir im folgenden kurz eingehen.

Das Verwalten von Daten (z.B. Literatur)

Große Daten-Bestände – auch Literatur-Angaben und Exzerpte – sind mit Hilfe der entsprechenden Daten-Verwaltungs-Programme besser als mit jedem traditionellen Kartei-Verfahren zu verwalten. Änderungen der Ordnungs-Systeme (Erweiterung, Neustrukturierung des Schlagwort-Systems), die jede umfangreiche „Papier-Kartei" überfordern oder sich aber nur mit einem kaum vertretbaren Zeitaufwand bewerkstelligen lassen, sind für solche Programme kaum ein Problem. Wie bei nahezu allen Programmen, so ist das Angebot an Daten-Verwaltungs-Programmen umfangreich, was die Auswahl erschwert. Man muß abwägen zwischen einem im Funktions-Umfang kleinen, dafür aber leicht zu bedienenden und einem leistungsstarken, dafür aber schwerer zu erlernenden Programm. Wir plädieren für leistungsstarke Programme. Sie bewältigen am leichtesten eine Änderung des Ordnungs-Systems, und sie können Ihre – nach mehreren Semestern sicherlich gestiegenen – Ansprüche an eine Daten-Verwaltung dann immer noch erfüllen.

Es gibt mittlerweile Programme, die in der Lage sind, *unstrukturierte* Daten zu verwalten. Während die klassischen Daten-Verwaltungs-Programme – ähnlich wie die Kartei-Systeme – von ihren Benutzern verlangen, sich vorab Gedanken zu machen, nach welchen Gesichtspunkten die Daten zu organisieren und zu verwalten sind (also auch hier eine „Systematik" vorab erstellt werden muß), gestatten solche Programme ein an keine Form mehr gebundenes Notizenmachen. Sie sind mit Heften vergleichbar. Ob Einfälle, Lesenotizen, Diskussions-Protokolle, Referate, Literatur-Angaben oder Adressen, diese Programme können so unterschiedliche Textsorten verwalten.

Die Literatur-Recherche und der Gebrauch von Nachschlagewerken

Stundenlanges Fahren zu den unterschiedlichen Bibliotheken, das zeitaufwendige Recherchieren in den vielen Katalogen und Bibliographien, all dies wird in absehbarer Zukunft der Vergangenheit angehören. Große Literatur-Bestände, wie zum Beispiel das „Verzeichnis lieferbarer Bücher (VLB)", das alle im deutschen Buchhandel erhältlichen Titel erfaßt, oder wichtige Lexika wie z. B. das Wirtschafts-Lexikon des Gabler-Verlags sind heute auf CD-ROM verfügbar und können in den Bibliotheken eingesehen werden. CD-ROM ist die Abkürzung für „**C**ompact **D**isc – **R**ead **O**nly **M**emory". Das ist ein Datenträger, der das gleiche Format wie eine Musik-CD hat und in einem speziell dafür benötigten CD-ROM-Laufwerk nur gelesen, nicht aber beschrieben werden kann. Solche CD-ROMs können bis zu 300 000 Schreibmaschinen-

Seiten speichern. Die Preise für CD-ROMs fallen ständig und immer mehr
Verlage entscheiden sich für dieses Medium. Ob medizinische Bild-Atlanten
oder Kants gesammelte Werke, vieles wird man in absehbarer Zeit zu er-
schwinglichen Preisen auf CD-ROM erwerben können.

Selbst die Datenbanken anderer Institutionen und Universitäten (selbst die
Bestände ausländischer Bibliotheken; z.B. die „Library of Congress" in
Washington) stehen uns heute über die Informations-Netze der Hochschulen
zur Einsicht offen.

Es spricht vieles dafür, daß wir alle in Zukunft mehr **am Bildschirm lesen** werden. Das Denken, der kritische Umgang mit den Informationen wird allerdings
weiterhin nur dem menschlichen Gehirn überlassen bleiben. Ein Menü wie
das nachstehend abgebildete wird es auch in Zukunft in keinem Programm
geben.

Exzerpieren

Fasse den Text zusammen:
- ◆ - kürzeste Fassung
- ◆ - mittlere Länge
- ◆ - Langfassung

Fasse den Text zusammen
unter folgender Fragestellung:
- ◆ ....
- ◆ Markiere die Definitionen
- ◆ Markiere Beispiele
- ◆ Markiere Ist-Aussagen
- ◆ Markiere Soll-Aussagen

- ◆ Verstehe nur "Bahnhof", bitte
  um eine Erklärung der Text-
  Aussagen!

3.2 Texte zusammenfassen

Einen Text zusammenfassen, heißt soviel wie, ihn auf seine wichtigsten Informationen zu komprimieren. Die Zusammenfassung, wenn sie gelingt, enthält dann den wesentlichen Inhalt davon, was der Autor sagt. Dies ist eine grundlegende Voraussetzung kritischer Auseinandersetzung mit Texten. Das Zusammenfassen von Texten ist zeitaufwendig, zuweilen notwendig, auf jeden Fall aber sinnvoll. Sinnvoll, weil es

❏ eine sehr aktive Form der Textaneignung ist,

❏ dazu zwingt, sehr „eng" am Text zu arbeiten,

❏ komprimierte Wissensspeicher erstellt, die immer wieder eine rasche Orientierung ermöglichen und auf die zurückgegriffen werden kann, wenn es darum geht, ausführlichere schriftliche Arbeiten anzufertigen.

Es ist daher nicht verwunderlich, daß auch über die Verfahrensweisen des effektiven Zusammenfassens intensiv nachgedacht worden ist. Diese lassen sich nach ihrem Nutzen hierarchisieren. Grundsätzlich gilt: Je konkreter die Anforderungen des Verfahrens an die geistige Aktivität ist, desto nützlicher ist es.

„Eine Regel beim Lesen ist die Absicht des Verfassers, und den Hauptgedanken sich auf wenig Worte zu bringen und sich unter dieser Gestalt eigen zu machen. Wer so liest ist beschäftigt, und gewinnt."
(Georg C. Lichtenberg, S. 321)

Zu den verschiedenen **Methoden des Zusammenfassens** gehören in der Reihenfolge ihrer Nützlichkeit:

❏ das Unterstreichen

❏ die Formulierung von Randbemerkungen

❏ das Exzerpieren

Das Unterstreichen

Es ist die wohl beliebteste Methode, Texte zu bearbeiten. Sie kostet wenig Zeit, ist überall (selbst im Bus oder in der U-Bahn) anwendbar, macht Spaß (vor allem, wenn man mit fluoreszierenden Stiften oder Textmarkern arbeitet) und

gibt das Gefühl, angestrengt gearbeitet zu haben. Glaubt man den Unter-
suchungsbefunden von Lernpsychologen, dann scheint das Unterstreichen
von Textpassagen die Wiedergabeleistungen in anschließenden Behaltenstests
positiv zu beeinflussen. Im Vergleich zu Versuchspersonen, die den Text nur
gelesen haben, schneiden die „Unterstreicher" jedenfalls besser ab.

Allerdings ist es Ihnen vielleicht auch schon so ergangen: Sie sitzen an der
Vorbereitung eines Referats und blättern in einem Ordner die vielen von Ihnen
fotokopierten Texte zum Thema durch. Sind Sie in der Lage, anhand Ihrer
Unterstreichungen die wesentlichen Textgehalte zu rekonstruieren? Haben
Sie immer nach einem System unterstrichen (gelb = Beispiel; rot = wichtig;
blau . . .), und haben Sie dieses System auch immer konsequent durchgehalten,
oder folgten Ihre Unterstreichungen nicht häufig spontanen Reaktionen nach
der Art: „Ja, das konnte ich bei mir auch schon feststellen!" oder „Völlig
zutreffend!" oder „Sehr gut formuliert!" Sie merken schon, auch diese
Methode muß erlernt werden und hat ihre Grenzen.

Wenn Sie unterstreichen,

dann sollten Sie den Text zumindest *einmal* komplett gelesen haben und erst
beim *zweiten Lesen* unterstreichen. Wird beim ersten Lesen sofort unterstrichen, so trifft man Entscheidungen über die Bedeutung einzelner Aussagen, ohne den Gesamtzusammenhang zu kennen. Viele Aussagen, die beim
ersten Lesen markiert worden wären, bleiben bei Kenntnis des ganzen Textes
oft völlig unberücksichtigt. Wenn Ihnen in einem Text, den Sie mit dieser
Methode überarbeitet haben, am Ende die *nicht-unterstrichenen* Stellen stärker
ins Auge springen (s. dazu das Beispiel auf S. 107), dann sollten Sie unbedingt
Ihr System überprüfen.

Die Formulierung von Randbemerkungen

Sofern Randbemerkungen nur das Ergebnis spontaner Reaktionen beim Lesen
sind, sind sie nahezu wertlos. Bemerkungen wie „Toll!" oder „Oha!" oder ein
dickes „!" bzw. „?" haben bestenfalls kurzfristigen, jedoch kaum langfristigen
Wert, weil man später oft nicht mehr weiß, was man denn da „toll" oder sonst-
wie bemerkenswert gefunden hatte.

Wollen Sie die Ränder für Kommentare nutzen, dann sollten Sie systematisch vorgehen. Das empfiehlt sich erst recht, wenn Sie beispielsweise bevorzugt mit *nicht-sprachlichen* Zeichen arbeiten. Natürlich ist auch dieses nur
sinnvoll, wenn Sie es konsequent und kontinuierlich anwenden.

Einleitung

Der Arzt, der einen Patienten behandelt, der Landwirt, der Feldfrüchte anbaut, der Student, der eine Seminararbeit anfertigt, und das Kind, das einen Laib Brot im Laden kaufen will, sie alle haben etwas Wichtiges gemeinsam: Jeder einzelne von ihnen denkt zweckgerichtet, indem er Wissen verwendet, um ein erwünschtes Ergebnis zu erzielen, und indem er Wissen verwendet, um zu entscheiden, ob das Ergebnis wünschenswert ist. Die meisten Menschen stimmen in ihrem Alltagsdenken darin überein, daß das Wissen im Leben eine wichtige Rolle spielt. Was dies aber genau bedeutet - welche Rolle das Wissen tatsächlich spielt und warum es diese Rolle spielen kann -, wird gewöhnlich nicht näher untersucht. Und ganz ähnlich wird die Notwendigkeit allgemein anerkannt, das vorhandene Wissen systematisch zu prüfen und kritisch zu sichten sowie die Fähigkeit zu entwickeln, gültiges Wissen vom «Glauben» oder von «Meinungen» zu trennen, die dafür erforderlichen Kriterien und Verfahrensweisen werden jedoch selten formuliert oder durch Unterricht vermittelt. Ein sehr geringer Teil des menschlichen Verhaltens ist instinktgeleitet oder von Erbanlagen abhängig; in der Welt erfolgreich zu sein, hängt für den Menschen fast ganz von der Erzeugung, Anwendung und Verbesserung von Wissen ab. Nichtsdestoweniger steht die Art von Wissen, die notwendig ist, um Wissen zu kritisieren und zu verbessern, sogar in Ländern mit hohem Bildungsstandard nicht allgemein zur Verfügung. Es scheint jedoch keinen Grund zu geben, solche kritischen Fähigkeiten wenigen Privilegierten vorzubehalten, andererseits aber genug Gründe, sie insbesondere in einer demokratischen Gesellschaft zu einem Teil der Allgemeinbildung der Bürger zu machen. Der vorliegende Text zielt ab auf diese Lücke im Bildungssystem. Er bietet einen allgemeinen Orientierungsrahmen, um Wissen zu entwickeln, zu verwenden und zu kritisieren. Dabei werden die Zwecke, denen das Wissen dienen kann, mit dem für diese Zwecke erforderlichen Wissen verbunden. Dies ist die wesentliche Bedingung einer systematischen Kritik und Verbesserung des Wissens und seiner Anwendungen.

Der Schlüssel zur Kritik und Verbesserung von Wissensansprüchen ist eine klare und angemessene Vorstellung davon, was *Wissen* bedeutet. Diese Frage kann man nicht beantworten, indem man ein Wörterbuch oder irgendeine andere Autorität zu Rate zieht. Man fängt vielleicht am besten damit an, einen Teil der geheimnisvollen Aura aufzulösen, die sich über die Jahre um Wissen und Denken herum gebildet hat, indem

Arbeiten Sie hingegen bevorzugt mit *sprachlichen* Randbemerkungen, so bieten sich zwei Verfahren an:
- ❏ das inhaltliche Gliedern und
- ❏ das logische Gliedern.

Das inhaltliche Gliedern

Für ein effektives Lesen empfiehlt es sich, den Text inhaltlich zu gliedern, d.h. den Rand mit Begriffen zu versehen, die den Text inhaltlich erschließen, also die von einem Text ablesbare inhaltliche Struktur am Rand hervorzuheben. Wie geht man dabei vor?

(a) Zunächst kann man sich einmal an äußeren Struktur-Merkmalen orientieren. Dazu gehört neben den Überschriften die kleinste Struktur-Einheit eines Textes: der Absatz. Otto Schumann formuliert folgende Anforderungen an einen Absatz:

„Als die in Schrift und Druck deutlich voneinander unterscheidbaren Absätze eingeführt wurden, dienten sie zunächst ‚nur‘ der Erleichterung beim Lesen. Sie entwickelten sich dann schnell zu Kleinorganismen, die dem gleichen Pulsschlag gehorchen wie der Gesamtorganismus. (...) Der Absatz ist nicht lediglich eine Folge von mehreren Sätzen (...) Der wissenschaftlich einwandfreie, zugleich echt gestaltete Absatz zeichnet sich vielmehr dadurch aus, daß
1. die in jedem Absatz zusammengeschlossenen Einzelsätze stofflich und logisch aufeinander bezogen sind,
2. die Sätze eines Absatzes gemeinsam nur einen Kerngedanken entwickeln,
3. die Sätze diesen Gedanken vollständig darstellen,
4. der Absatz gedanklich folgerichtig in die übrigen Absätze einschwingt,
5. der Absatz durch erkennbare Gelenke mit dem vorangehenden und dem nachfolgenden Absatz sorgsam verbunden ist.“ (S. 699)

(b) Nun sind Anforderungen und Konventionen eine Sache, ob man als Autor solchen Anforderungen genügt, eine andere. Gehen wir einmal davon aus, ein Absatz enthielte einen, höchstens zwei Kerngedanken.

(c) Man liest also Absatz für Absatz und versucht, deren Inhalt bzw. Kerngedanken zu begreifen.

(d) Jeder Absatz sollte mit mindestens einem inhaltlichen Leitwort versehen werden. Bei solchen Leitwörtern kann es sich entweder um *Wörter aus dem Text (Stichwörter)* oder um *selbstgewählte Begriffe (Schlagwörter)* handeln. Diese Form der Texterschließung fungiert wie ein externes Gedächtnis und bietet daher den Vorzug, daß die beim Lesen investierte Energie/Arbeit nicht so schnell verloren geht. Ist es also notwendig, auf den Text nach längerer Zeit erneut zurückzugreifen, so ermöglichen die Leitwörter eine rasche inhaltliche Orientierung.

Ein Beispiel für das inhaltliche Gliedern eines Textes:

„Die unterschiedlichen Zwecke des Lesens
Wozu lesen wir? Wahrscheinlich war der früheste Anlaß, eine Schrift zu erfinden, die Notwendigkeit, genaue Kunde über Dinge zu bewahren, die ein einzelner nicht behalten konnte. Ein altes chinesisches Sprichwort sagt: ‚Die blasseste Tinte ist besser als das beste Gedächtnis.' Archäologen, die Steinplatten mit eingehauenen Zeichen ausgegraben haben, stellen häufig fest, daß es sich um Abrechnungen von Verkäufen oder um Forderungen handelt. Sicher überlebt ein Geschäft nicht lange, wenn niemand Bücher führen und lesen kann. Man kann einen Knoten ins Taschentuch machen, wenn man sich daran erinnern will, daß man auf dem Heimweg einen Liter Milch einkaufen sollte. Aber wenn man Brot, Fleisch, Eier, Salz, Säuglingsnahrung, Toilettenpuder, Papierservietten und Hundefutter braucht, hat das Taschentuch nicht mehr genügend Zipfel, auch wenn wir uns erinnern könnten, was jeder von ihnen bedeutet. Die Gesellschaft hat auch nicht mehr die Barden, die ihre Sagen auswendig kennen und die Schreiber, die ihr die Briefe schreibt. Es gibt da einfach zuviel aufzuschreiben. <u>So ist die konservierende Funktion des Aufschreibens und Lesens grundlegend.</u> Es ist nicht schwer, sie dem Kind bewußt zu machen.

     Konservierungs-Funktion

<u>Lesen und Schreiben für die Zwecke der Kommunikation leuchten dem Kind ebenfalls ein.</u> Ein Brief von der Großmutter erregt freudige Erwartungen. Er mag interessante Neuigkeiten wie einen bevorstehenden Besuch oder ein schon abgeschicktes Geschenk ankündigen. Er ist anders geschrieben als eine Einkaufsliste, hat seine eigene Tradition und seinen Stil, den wir verschiedenen Anlässen anpassen und mit verschiedenen Gefühlen lesen.

     Kommunikations-Funktion

<u>Zwar gibt es eine Art ‚funktionelle Autonomie' des Lesens bei den Erwachsenen</u>; es geschieht manchmal ohne besondere Motivation, und man hat keine Absicht, die gewonnene Information zu nutzen. Wenn man in der Straßenbahn sitzt, kann man kaum anders, als die Werbetexte zu lesen, wie die Werbeleute wohl wissen. Wir lesen fast automatisch, was auf der Cornflakes-Schachtel steht und erinnern uns nicht an den Inhalt. Aber das ist die Ausnahme. Meistens lesen wir, weil wir müssen. <u>Ein moderner Mensch ist immer wieder gezwungen, Information lesend zu gewinnen.</u>

     »funktionelle Autonomie« des Lesens

     Informations-Funktion

Die Pädagogen gehen immer wieder davon aus, daß
man vor allem lesen können muß, um Dinge aus
Büchern zu erfahren; Geometrie oder Geschichte,
Psychologie oder Physiologie. Man kann versuchen,
die bittere Pille des Lesenlernens auf diese Weise zu
versüßen; aber die Kinder lassen sich davon selten
täuschen. Man sollte ihnen von Anfang an zeigen, daß
<u>man ganz einfach darum lesen kann, weil es Freude</u>   Unterhaltungs-
<u>macht.</u> Daß das stille Lesen einer Geschichte oder   Funktion
eines Gedichtes ein Vergnügen ist. Wenn man kleinen
Kindern vorliest oder wenn sie beobachten, wie
Erwachsene in einen Roman vertieft sind, so erfahren
sie dies. Es sollte in der Schule aber damit weiter-
gehen. Der Lehrer sollte den Kindern zur Belohnung
aus Büchern vorlesen, die ihnen Freude machen,
solange ihnen die Technik des Lesens noch Mühe
macht. Und selbstverständlich soll man sie individuell
lesen lassen, sobald sie es können, und was sie
wollen."

Gibson, E. J.; Levin, H.: Die Psychologie des Lesens.
Frankfurt am Main 1989, S. 18 f.

Das logische (argumentative) Gliedern

Oft stellt sich bei dem Versuch, die inhaltliche Gliederung zu entnehmen,
heraus, daß es schwierig ist, festzustellen, bis wohin eine Textpassage überhaupt reicht, um deren Inhalt es geht. Die Erschließung der formalen Struktur
des Textes (Einleitung, Schluß, Zahl der Kapitel und der Absätze, Aufzählun-
gen wie „erstens", „zweitens" oder „einerseits – andererseits" usw.) das nennt
man im Unterschied zur inhaltlichen Gliederung die logische oder argumentative Gliederung eines Textes. Es ist bei der oft spontanen Struktur vieler Texte
nützlich (bei vielen unentbehrlich), diese logische Gliederung eines Textes zu
rekonstruieren. Oft stellt man erst dann fest, daß bestimmte Aussagen, die man
für eine Auffassung des Verfassers gehalten hat, in Wirklichkeit kritisch
gemeint sind oder daß andere Aussagen eigentlich nur Beispiele sein sollten
usw.

Auch für dieses Verfahren empfiehlt es sich, Randbemerkungen anzu-
bringen, die die logisch-argumentative Struktur des Textes kennzeichnen. Im
Unterschied zu den inhaltlichen Leitwörtern des ersten Verfahrens benutzt
man jedoch bei diesem Verfahren zweckmäßigerweise metasprachliche
Begriffe wie „Fragestellung", „Beispiel", „Kernthese", „Schlußfolgerungen"
usw., die nichts über den Inhalt, wohl aber zur Struktur des Textes aussagen.
Eine ganze Liste metasprachlicher Begriffe hat Gerhard Steindorf zusammengestellt:

Abgrenzung	Adressat	Aktualität	Analyse	Anliegen
Ansatz	Anwendung	Art	Aspekt	Aufbau
Aufgabe	Ausführung	Aussage	Basis	Bedeutung
Bedingung	Befund	Begriff	Begründung	Beispiel
Beitrag	Besonderes	Bestimmung	Beurteilung	Beweis
Beziehung	Bilanz	Charakteristik	Daten	Denkansatz
Deutung	Dimension	Einführung	Einordnung	Einwand
Element	Entstehung	Entwicklung	Ergebnis	Erscheinung
Fakten	Folge	Folgerung	Form	Fragestellung
Funktion	Gefahr	Gegenstand	Geltungsbereich	Genese
Geschichte	Gliederung	Grenzen	Grundlage	Hauptströmung
Hintergrund	Hypothese	Inhalt	Intention	Interesse
Ist-Zustand	Kategorie	Kennzeichen	Konkretisierung	Konsequenz
Konzeption	Kriterium	Kritik	Leitgedanke	Leitlinie
Lösung	Maßnahme	Merkmal	Methode	Mittel
Modell	Möglichkeit	Motiv	Nachteil	Notwendigkeit
Organisation	Perspektive	Phänomen	Phase	Position
Praxis	Prinzip	Problem	Relevanz	Resultat
Schema	Schlußfolgerung	Schwerpunkt	Schwierigkeit	Selbstverständnis
Sichtweise	Situation	Statistik	Strategie	Struktur
Synthese	System	Technik	Tendenz	Terminus
Thema	Theorie	These	Übersicht	Ursache
Ursprung	Verfahren	Vergleich	Verhältnis	Voraussetzung
Vorteil	Wesen	Wirkung	Ziel	Zusammenfassung
Zusammenhang	Zweck			

Solche metasprachlichen Hinweise benutzen Autoren auch, um ihre Texte (sich und anderen) verständlicher zu machen. Wir zitieren einige Beispiele solcher metasprachlichen Hinweise und machen daneben auf ihre Funktion aufmerksam und zeigen anschließend, wie man mit ihrer Hilfe die argumentative Struktur eines Textes rekonstruiert.

Beispiel 1:

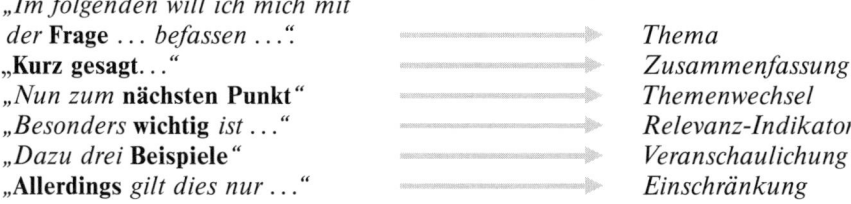

„*Im folgenden will ich mich mit der* **Frage** *... befassen ...*".	⟶	*Thema*
„**Kurz gesagt**...* "	⟶	*Zusammenfassung*
„*Nun zum* **nächsten Punkt**"	⟶	*Themenwechsel*
„*Besonders* **wichtig** *ist ...* "	⟶	*Relevanz-Indikator*
„*Dazu drei* **Beispiele**"	⟶	*Veranschaulichung*
„**Allerdings** *gilt dies nur ...* "	⟶	*Einschränkung*

Beispiel 2:

„1.1 Zum Wortgebrauch von Verstehen

Was meinen wir, wenn von ‚Verstehen' die Rede ist?
Entspricht dem *einen* Wort auch *ein* Begriff. Schon im
vorwissenschaftlichen Sprachgebrauch erscheint die
zugrundeliegende Bedeutung heterogen (Apel, 1955),
so daß zu bezweifeln ist, ob jenseits leerformelhafter   Begriffs-Vielfalt
Beschreibungen ein unitarischer Verstehensbegriff   (Vielfalt der
überhaupt existiert. Am häufigsten wird das Wort Ver-   Anwendungs-
stehen im Zusammenhang mit dem Auffassen von   Bereiche)
Sprachlichem verwendet: den Sinn einer Äußerung,
eine fremde Sprache, einen Lehrtext, ein Buch verstehen. Es wird aber nicht nur Sprache verstanden. Auch
Musik und Bildhaftes, Mimik, Gebärden und Tanz,
Traumgebilde und Wirkliches können intentionale
Gegenstände des Verstehens sein, womit deutlich
gemacht werden soll, daß die Aktivität des Verstehens
keine bloß sprachlich-kognitive ist, sondern in vielfäl-
tiger Weise über das rational-intellektuelle Begreifen
hinausweist. Mit Redewendungen wie ‚er versteht sein
Handwerk', ‚er versteht mit Tieren umzugehen', oder
‚er versteht zu leben', rücken wir die Wortbedeutung
zudem in die Nähe des praktischen Könnens und Aus-
kennens, der Lebensklugheit oder Weisheit.

Aber nicht immer sind es objektivierbare sachliche
Gehalte, welche zum Gegenstand des Verstehens
werden. Es gibt auch das Verstehen von Menschen,
ihrer Handlungen, Motive und Gefühle, und als
Spezialfall davon den Versuch, sich selber zu verstehen. Schließlich ist jedes mitmenschlich gerich-
tete Verstehen immer auch begleitet von der subjektiv erlebten Fähigkeit, sich in einen Menschen einzu-
fühlen, von Empathie als der wohl privatesten Form
des Verstehens. Und entwickelte Formen mitmensch-
lichen Verstehens sind vermutlich in hohem Maße mit
der Beziehungsfähigkeit eines Menschen verknüpft –
Pestalozzi (1809) hat sogar gesagt: mit der Liebes-
fähigkeit, und diesen Gedanken in seine bekannte
Formel der ‚sehenden Liebe' gefaßt.

Nun, gibt es ihn überhaupt – *den* Begriff Verstehen?
Oder gibt es letztlich mehrere Verstehensbegriffe? Ich
will diese Frage nicht zu beantworten suchen. Sicher
ist, daß der Vorgang vielgestaltig ist und sich unter
psychologischen Gesichtspunkten nicht nur auf *eine*
psychische Grundfunktion, sondern auf das gesamte

menschliche System der Informationsverarbeitung bezieht. Damit ist auch gesagt, daß sich der Verstehensbegriff von anderen erkenntnispsychologischen Grundbegriffen wie Begriffsbildung, Lernen, Denken oder Problemlösen nur unscharf abgrenzen läßt.

Problem der Begriffs-Abgrenzung

1.2 Verstehen als philosophischer Methodenbegriff und als psychologische Aktstruktur

Seit der Wissenschaftstheorie des 19. Jahrhunderts tritt der Verstehensbegriff als methodischer Gegenbegriff zum Erklären auf. Bekannt geworden ist Diltheys (1894) Diktum: ‚Die Natur erklären wir und das Seelenleben verstehen wir'. Diese Gegenüberstellung ist essentiell mit den Begründungsversuchen und dem Aufkommen der Geisteswissenschaften verbunden. Ein einheitlicher Verstehensbegriff wurde aber in der geisteswissenschaftlichen Philosophie und Psychologie nie entwickelt. Höchstens in der Antistellung und Skepsis gegen die zunehmende Dominanz und Ausdehnung des naturwissenschaftlichen Erklärungsparadigmas war man sich einig.

„Verstehen" als Gegenbegriff zu „Erklären"

Man wollte das Verstehen in den Geisteswissenschaften als einen Vorgang konzipieren, welcher sich auf Gegenstände des Psychischen und des Kulturell-Geschichtlichen richtet und welcher dem eigenen Anspruch gemäß einzudringen erlaubt in deren innere subjektive und objektive Zusammenhänge. Fragen wir nach der Aktstruktur des Verstehensbegriffes der im Gefolge geisteswissenschaftlicher Denkformen entstandenen ‚verstehenden oder hermeneutischen Psychologie', so lassen sich nach Pongratz (1967) mindestens sechs Typen unterscheiden: das Verstehen als Sichhineinversetzen, Nacherleben und Nachbilden (Dilthey), als Einführung (Jaspers, Lipps, Gruhle), als Sinnerfassen (Spranger), als Intuition (Dilthey, Gruhle), als Anschauung (Biswanger), und – in der historisch bedeutendsten klassischen Form – als Auslegung oder Interpretation (Dilthey).

6 Typen geistes-wissenschaft-licher Begriffs-Definitionen

Über Jahrzehnte standen das geisteswissenschaftliche Verstehen und das naturwissenschaftliche Erklären in der Relation eines Ausschließungs- oder Ergänzungsgegensatzes im Brennpunkt wissenschaftstheoretischer Diskussionen. Eine neue Dimension – oder zumindest wertvolle Impulse – hat das hermeneutische Problem in den letzten Jahren durch die Entstehung der *Kognitiven Wissenschaft* (Cognitive Science; vgl. Gardner 1985) und darunter insbesondere durch die Fortschritte der Psychologie des Wissens und des Sprachverstehens erhalten. Erstmals scheint es nämlich möglich zu sein, den hermeneutischen Prozeß selber nicht mehr bloß *hermeneutisch zu verstehen,* sondern zum Gegenstand *empirischer Forschung* zu machen, und somit auch den Versuch zu unternehmen, das Verstehen – zumindest in Teilaspekten – zu erklären (siehe z.B. Van Dijk & Kintsch 1983; Engelkamp 1984)."

kognitions- wissenschaft- liche Betrachtung

Reusser, Kurt: Verstehen lehren: Verstehen als psychologischer Prozeß und als didaktische Aufgabe. Beiträge zur Lehrerbildung 7, 1989, 2, S. 131 – 147.

Dieses Beispiel zeigt aber auch, wie schwierig es oftmals ist, die argumentative Struktur zu rekonstruieren, ohne inhaltliche Leitwörter zu gebrauchen. Wenn Sie sich die Randbemerkungen anschauen, werden Sie feststellen, daß die beiden ersten Randbemerkungen ausschließlich formaler Natur sind. Anders hingegen verhält es sich mit den drei letzten Randbemerkungen. „Begriffs-Definitionen...", „sechs Typen... Begriffs-Definitionen" und „... Betrachtung" sind zwar metasprachliche Begriffe, für die Rekonstruktion der argumentativen Struktur reichen sie indes nicht aus. Hier ist es sinnvoll, die metasprachlichen Begriffe mit inhaltlichen Leitwörtern zu kombinieren, in unserem Beispiel wären dies „als Gegenbegriff zu ‚Erklären'", „geisteswissenschaftlicher" und „kognitionswissenschaftliche".

Exzerpieren

Unter Exzerpieren versteht man das auszugsweise Wiedergeben eines Textes. Hierbei kann es sich um wörtliche oder paraphrasierende (d. h. freie, nur den Sinn wiedergebende) Auszüge handeln. In der Regel werden beide Formen benutzt. In jedem Fall empfiehlt es sich aber, folgende Fragen zu beachten:

Wann empfiehlt es sich, einen Text zu exzerpieren?

❑ Zunächst dann, wenn man den Text nicht besitzt, seine Anschaffung zu teuer oder unmöglich ist und die fotomechanische Vervielfältigung durch die ausleihende Bibliothek untersagt ist. Nun tritt eine solche Situation (sieht man von den historischen, altertumswissenschaftlichen Fächern einmal ab) freilich für viele Studierende nie oder sehr selten ein. Wann sollte man also einen Text noch exzerpieren?

❑ Grundsätzlich immer dann, wenn nur wenige Teile des Textes von persönlichem Interesse sind.

❏ Immer dann, wenn man daran interessiert ist, sich mit dem Text aktiv auseinanderzusetzen und nur die (sei es subjektiv, sei es objektiv) wesentlichen Informationen festhalten will.

Grundsätzlich sollten Sie beachten: Exzerpieren ist Arbeit und kostet Zeit! Aber: Ein exzerpierter Text haftet besser im Gedächtnis als ein fotokopierter und „nur" gelesener Text.

Wie exzerpiert man Texte?

Man kann Texte auf zweierlei Weise exzerpieren:

(1) Unter einer oder mehreren besonderen Fragestellungen wie z.B.: „Wie äußert sich die Autorin zur Frage XY?" oder „Was versteht der Autor X unter dem Begriff Motivation?". Exzerpieren unter einer spezifischen Fragestellung empfiehlt sich immer dann, wenn man bereits über „relativ" umfangreiche Vorkenntnisse über ein Thema verfügt und „nur" nach Antworten auf bestimmte Fragen, nach bestimmten Problemlösungen, Stellungnahmen, neuen Argumenten, Tatsachen usw. sucht.

(2) Unter einer globalen Fragestellung wie z.B.: „Was wird über den Sachverhalt oder den Gegenstand XY ausgesagt?". Exzerpieren unter einer solchen Fragestellung ist vor allem zweckdienlich bei geringen Vorkenntnissen über den Textinhalt, wenn es also vorrangig um Erstinformationen geht.

Im folgenden stellen wir nur die zweite Variante vor, die Walter Volpert vorgeschlagen hat.

Texte weisen in der Regel eine äußerlich ablesbare Struktur auf, das heißt, sie sind unterteilt in Kapitel, Unterkapitel und Absätze. Diese äußeren Strukturelemente spiegeln die innere, sachliche oder argumentative Struktur eines Textes wider. Das kleinste Element von Textunterteilungen ist der Absatz (vgl. „Das inhaltliche Gliedern"), und auf dieser Ebene setzt das Exzerpieren an. Man geht in drei Schritten vor:

1. Schritt (Orientierung)

Verschaffen Sie sich zunächst einen Überblick über die äußere Struktur des Textes (seine Einteilung in Kapitel, Unterkapitel, Absätze) und halten Sie diese Struktur u. U. auf einem gesonderten Blatt fest (siehe Abbildung S. 116).

2. Schritt (Exzerpieren)

Erarbeiten Sie nun den Text mit Hilfe der beiden folgenden Fragestellungen:

„Wie lautet das Thema des Absatzes?" (Wovon handelt, worüber informiert er?)

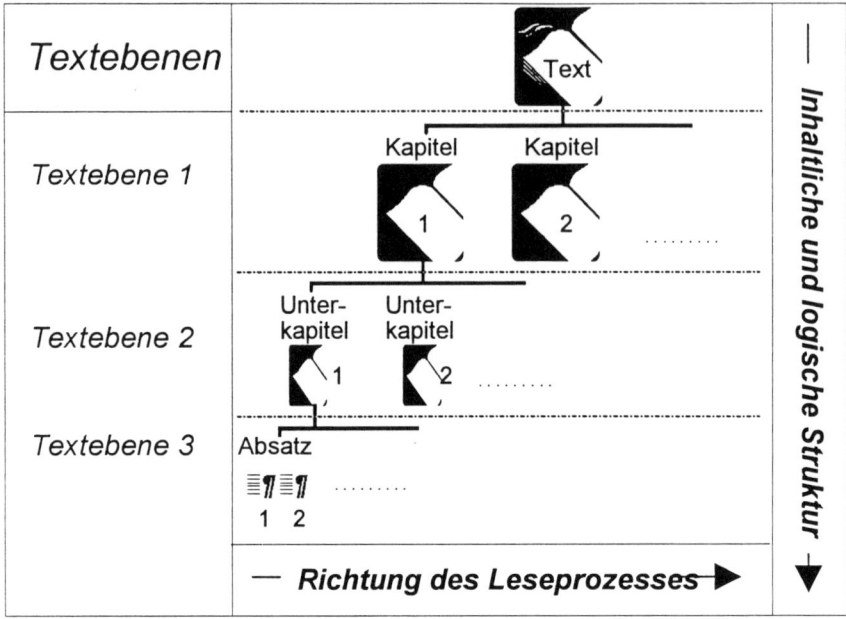

Dann – und wirklich erst dann – beantworten Sie die Frage:

„Was wird über das Thema ausgesagt?"

Wichtig ist dabei, daß Sie Thema und Aussage tatsächlich auseinanderhalten. Sofern der Text aussagekräftige Überschriften enthält, sollten diese als Zitat übernommen werden, ansonsten ist jeder Abschnitt des Textes (sowie alle Absätze) mit einer Überschrift („Worüber wird geschrieben?": Thema) zu versehen. Unter jeder Überschrift werden die entsprechenden Aussagen paraphrasierend (d.h. in eigenen Worten) zusammengefaßt oder wörtlich zitiert. Notieren Sie die Seitenzahlen des Originaltextes, auf die sich Ihre Aufzeichnungen beziehen.

3. Schritt (Verdichten)

Nachdem Sie die zu einem Unterkapitel gehörenden Absätze exzerpiert haben, können Sie – je nach subjektivem Ermessen – die in jedem Absatz zusammengefaßten Aussagen erneut – und zwar im Hinblick auf die Überschrift des Unterkapitels – zusammenfassen. Dieser Vorgang läßt sich ein weiteres Mal wiederholen, indem die in jedem Unterkapitel zusammengefaßten Aussagen erneut – und zwar im Hinblick auf die Überschriften der Kapitel – zusammengefaßt werden.

Wie das praktisch aussieht, verdeutlichen wir an folgendem Text-Beispiel:

„Was ist Wissenschaftlichkeit?

Für manche ist die Wissenschaft mit den Naturwissenschaften oder mit Forschungen auf quantitativer Grundlage gleichzusetzen. Eine Untersuchung ist nicht wissenschaftlich, wenn sie nicht mit Formeln und Diagrammen arbeitet. Ginge man davon aus, dann wäre eine Arbeit über die Moral bei Aristoteles nicht wissenschaftlich, aber ebensowenig wären es Untersuchungen über Klassenbewußtsein und Bauernaufstände im Zeitalter der Reformation. An der Universität mißt man dem Begriff ‚wissenschaftlich‘ offensichtlich nicht diese Bedeutung bei. Versuchen wir also festzulegen, unter welchen Voraussetzungen eine Arbeit sich in einem weiten Sinn wissenschaftlich nennen darf. Vorbild können durchaus die Naturwissenschaften sein, so wie sie sich seit Beginn der Neuzeit entwickelt haben. Eine Untersuchung ist wissenschaftlich, wenn sie die folgenden Anforderungen erfüllt:

> Eine Arbeit kann als wissenschaftlich gelten, wenn sie folgende Anforderungen erfüllt:

1. Die Untersuchung behandelt *einen erkennbaren Gegenstand, der so genau umrissen ist, daß er auch für Dritte erkennbar ist.* Der Ausdruck Gegenstand ist nicht unbedingt im konkreten Sinn zu verstehen. Auch die Quadratwurzel ist ein Gegenstand, auch wenn kein Mensch sie je gesehen hat. Auch die Gesellschaftsschichten sind Forschungsgegenstände, auch wenn man einwenden könnte, daß man nur Einzelwesen oder einen statistischen Durchschnitt, nicht aber Klassen im eigentlichen Sinn kennt. Aber in einem solchen Sinn hätte auch die Klasse aller Primzahlen über 3725 keine konkrete Realität, mit der sich doch ein Mathematiker bestens beschäftigen könnte.

> Die Arbeit muß einen erkennbaren Gegenstand behandeln, der so genau umrissen ist, daß er auch für Dritte erkennbar.

Den Gegenstand bestimmen heißt also die Bedingungen festlegen, unter denen wir über ihn auf der Grundlage von Regeln sprechen können, die wir aufstellen oder die andere vor uns aufgestellt haben, wenn wir Regeln aufstellen, nach denen eine Primzahl, die größer ist als 3725, erkannt werden kann; falls wir einer solchen Zahl begegnen, dann haben wir die Regeln für das Erkennen unseres Gegenstandes festgelegt. (…)

> Die Bedingungen sind festzulegen, unter denen wir den Gegenstand auf der Grundlage von Regeln besprechen.

2. Die Untersuchung muß über diesen Gegenstand *Dinge sagen, die noch nicht gesagt worden sind,* oder sie muß Dinge, die schon gesagt worden sind, aus einem neuen Blickwinkel sehen. Eine mathematisch richtige Ausarbeitung, die mit den überkommenen Methoden den Pythagoreischen Lehrsatz beweisen würde, wäre keine wissenschaftliche Arbeit, weil sie unserem Wissen nichts hinzufügen würde. Es wäre allenfalls eine populärwissenschaftliche Darstellung, wie ein Handbuch, in dem der Bau einer Hundehütte mit Hilfe von Holz, Nägeln, Hobel, Säge und Hammer erklärt wird.

> Die Arbeit muß über ihren Gegenstand entweder Dinge sagen, die noch nicht gesagt worden sind, oder Dinge, die schon gesagt worden sind, aus einem anderen Blickwinkel sehen.

Auch eine kompilatorische Arbeit kann, wie wir unter 1.1. gezeigt haben, wissenschaftlich nützlich sein, weil der ‚Kompilator' Meinungen, die andere zum gleichen Thema schon geäußert haben, zusammengestellt und auf eine vernünftige Weise zueinander in Beziehung gesetzt hat. So ist auch eine Anleitung für den Bau einer Hundehütte keine wissenschaftliche Arbeit, aber ein Werk, das alle bekannten Methoden zum Bau einer Hundehütte vergleicht und kritisch würdigt, könnte vielleicht einen bescheidenen Anspruch von Wissenschaftlichkeit erheben.

> Kompilatorische Arbeiten können nützlich sein; sie sind aber keine wissenschaftlichen Arbeiten.

Nur über eines muß man sich klar sein: daß ein kompilatorisches Werk nur dann überhaupt wissenschaftlichen Nutzen haben kann, wenn es auf diesem Gebiet nichts Vergleichbares gibt. Wenn es schon vergleichende Arbeiten über das Herstellen von Hundehütten gibt, ist es verlorene Zeit (oder ein Plagiat), eine weitere zu schreiben.

3. Die Untersuchung muß *für andere von Nutzen sein.* Von Nutzen ist eine Abhandlung, die eine neue Entdeckung über das Verhalten von Elementarteilchen beweisen soll. Von Nutzen ist eine Abhandlung, die darstellt, wie ein unveröffentlichter Brief von Leopardi entdeckt wurde, und die ihn ganz transkribiert. (...)

> Die Arbeit muß für andere von Nutzen sein.

4. Die Untersuchung muß *jene Angaben enthalten, die es ermöglichen nachzuprüfen, ob ihre Hypothesen falsch oder richtig sind,* sie muß also die Angaben enthalten, die es ermöglichen, die Auseinandersetzung in der wissenschaftlichen Öffentlichkeit fortzusetzen. Das ist eine ganz fundamentale Anforderung. (...)"

> Die Arbeit muß Angaben enthalten, die es ermöglichen, nachzuprüfen, ob ihre Hypothesen falsch oder richtig sind.

Eco, Umberto: Wie man eine wissenschaftliche Abschlußarbeit schreibt. Heidelberg 1988, S. 39 ff.

Unser Kurz-Exzerpt sieht demnach wie folgt aus (auf die Angabe der Seitenzahlen verzichten wir hier):

Eine Arbeit kann dann als wissenschaftlich gelten, wenn sie folgende vier Anforderungen erfüllt. 1. Sie muß einen erkennbaren Gegenstand behandeln, der so genau umrissen ist, daß er auch für Dritte erkennbar ist. 2. Sie muß über ihren Gegenstand Aussagen machen, die es bisher noch nicht gab, oder aber existierende Auffassungen über den Gegenstand aus einem neuen Blickwinkel betrachten. 3. Sie muß für andere von Nutzen sein, und sie muß schließlich 4. Angaben enthalten, die es ermöglichen, nachzuprüfen, ob ihre Hypothesen falsch oder richtig sind.

Bösartig, wie so oft freilich, Lichtenberg:

„Er exzerpierte beständig, und alles, was er las, ging aus einem Buch neben dem Kopfe vorbei in ein anderes."

(Georg C. Lichtenberg S. 345)

Eco, U.: Wie man eine wissenschaftliche Abschlußarbeit schreibt. Heidelberg 1988

Meehan, E. J.: Praxis des wissenschaftlichen Denkens. Ein Arbeitsbuch für Studierende, Reinbek bei Hamburg 1992

Schumann, O.: Das wissenschaftliche Manuskript. In: ders. (Hg.): Grundlagen und Technik der Schreibkunst. Herrsching 1983, S. 683-711

Steindorf, G.: Pädagogikstudium. Bad Heilbrunn 1975, S. 121 ff.

Volpert, W.: (Das Exzerpieren). Unveröff. Manuskr. Berlin o.J.

3.3 Texte visualisieren

Mit Texten aktiv umgehen heißt, etwas mit Texten **tun**. Wir haben verschiedene Methoden des aktiven Umgangs vorgestellt. Sie alle beschränkten sich auf Lesen, Fragen, Herausschreiben. Die beiden folgenden Methoden unterscheiden sich nun von den bislang vorgestellten dadurch, daß sie versuchen, Texte nicht nur mit Hilfe *schriftsprachlicher* Zeichen, sondern auch und vor allem mit Hilfe *symbolischer* und *ikonischer* Zeichen darzustellen. Anders ausgedrückt: Texte zu visualisieren heißt, die in Texten dokumentierten inhaltlichen bzw. argumentativen Strukturen nicht nur durch sprachliche, sondern auch durch nicht-sprachliche Zeichen auszudrücken.

Texte zu visualisieren bietet zwei Vorteile: **1.** Das Visualisieren selbst setzt eine sehr gründliche Auseinandersetzung mit dem Text voraus. Wir haben schon mehrfach darauf hingewiesen: Lesen ist umso ergiebiger, je mehr geistige Aktivität wir in diesen Prozeß investieren. **2.** Die Visualisierung ist ein Wissensspeicher, der es gestattet, zeitökonomisch zu wiederholen. Anders als bei Exzerpten, die wir – besonders wenn wir nach längerer Zeit wieder auf sie zurückgreifen – ganz lesen müssen, ermöglicht uns die Visualisierung eine sehr rasche Rekonstruktion der inhaltlichen und oft auch der logisch-argumentativen Struktur eines Textes.

Ein kurzer Exkurs zum Thema „Zeichen" erscheint uns an dieser Stelle sinnvoll. Menschen kommunizieren mit Hilfe von Zeichen. **Zeichen** (bezeichnen) stehen für etwas, was sie selbst (das Bezeichnete) nicht sind, sie **repräsentieren.**

Es gibt *sprachliche* und *nicht-sprachliche* Zeichen. Außerdem lassen sich Zeichen danach unterscheiden, in welchem Ausmaß sie dem Bezeichneten ähneln. Die bekanntesten sprachlichen Zeichen sind Schrift-Zeichen. Die nicht-sprachlichen Zeichen können unterschieden werden in

a) *elementare* Zeichen (Zeichen, die aus einfachen geometrischen Grundformen wie Linie, Kreis, Viereck usw. bestehen),

b) *ikonische* Zeichen (Zeichen, die in einer großen Ähnlichkeitsbeziehung zu dem zu Bezeichnenden stehen) und

c) *symbolische* Zeichen (das können sowohl elementare als auch ikonische Zeichen sein; ihre Bedeutung ist durch Konvention festgelegt; zum Beispiel steht das weiße „P" auf blauem Grund für Parkplatz). Symbolische Zeichen sind Vereinbarungen zwischen denjenigen, die diese Zeichen vorrangig benutzen.

Netzwerk-Technik

Netzwerk-Technik ist eine Methode, einen Text in die Form einer schematischen Darstellung zu übertragen. Das Verfahren wurde von Autoren verschiedener Nationalitäten (U.S.A., Niederlande, Kanada, Deutschland) in den vergangenen 20 Jahren entwickelt.

Worin bestehen die Vorteile der Technik?

Die Erfinder dieser Methode nehmen an, daß die Anwendung dieser Technik helfen kann, die wesentlichen Informationen eines Textes

❑ besser zu verstehen,

❑ länger zu behalten und

❑ in ihrer inneren – logisch argumentativen – Struktur aufzudecken.

Wie erstellt man ein Netzwerk?

Bei der Netzwerk-Technik geht man von der Annahme aus, daß sich Texte aus zwei Klassen von Elementen zusammensetzen, aus den **Begriffen** und den **Relationen** (zwischen den Begriffen). Begriffe geben Auskunft auf die Fragen: „Worüber sagt der Text etwas aus?" „Welches Thema behandelt der Text?" Relationen geben Auskunft auf die Fragen: „Was sagt der Text hierüber aus?" „Welches sind die wesentlichen Textaussagen?" Einen Text in die Form eines Netzwerkes zu übertragen heißt also, seine zentralen Begriffe und die zwischen ihnen bestehenden Relationen schematisch abzubilden.

Begriffe werden mit einer *Umrandung* gekennzeichnet. Welche Form der Umrandung man wählt, bleibt einem freigestellt. **Relationen** werden entweder durch unterschiedliche *Pfeil- und Linien-Verbindungen* oder durch eine einheitliche Verbindung mit unterschiedlicher Buchstaben-Notation dargestellt. Mit Hilfe unterschiedlicher Notationen oder Linienverbindungen lassen sich die verschiedenen Relationen zwischen den Begriffen abbilden.

Die untenstehende Liste wichtiger Relationen ist nicht vollständig, wird aber in der Regel genügen, um die logische Struktur eines Textes abzubilden. Dabei wird es von der Textsorte abhängen (vgl. 1.1), welche Relationen zu wählen sind.

Relation	Signalwort	mögliche Notation
Eigenschaft	hat, ist gekennzeichnet	——— e ———▷
Ist-ein	ist, ist Beispiel für	——— i ———▷
Teil-Ganzes	ist Teil von, besteht aus	——— t ———▷
Bedingung	wenn, wenn-dann	——— b ———▷
Begründung	weil, deshalb	——— k ———▷
Folge	führt zu, so daß	——— f ———▷
Vergleich	ist wie, entspricht	——— v ———▷
Zweck	damit, daß	——— z ———▷
Mittel	indem, mittels	——— m ———▷
Verneinung	ist nicht, kein	——— n ———▷
Ort/Lage	liegt an.	——— o ———▷

Bei der Anwendung der Netzwerk-Technik sollten Sie stets abwägen, wie detailliert Sie den Text abbilden wollen. Grundsätzlich gilt: je differenzierter das Schema, d.h. je größer die Zahl der Begriffe und Relationen, desto unübersichtlicher wird es. Am einfachsten ist die Methode anzuwenden, wenn man sich damit begnügt, nur die wesentlichen Strukturen eines Textes abzubilden. Hierzu ein Beispiel:

„Der Begriff der Wissenschaft

Der Streit um den Wissenschaftsbegriff ist alt und keineswegs ausgetragen. Sicher ist aber, daß es bestimmte geistige Elemente und Verhaltensweisen gibt, die allgemein als ‚wissenschaftlich‘ gelten. Hierzu gehören die Begriffe des Systems und der Methode.

Der auch heute noch gängigsten Vorstellung von der Wissenschaft hat Immanuel Kant (1724-1804) den schärfsten Ausdruck verliehen. Nach ihm ist Wissenschaft kein Aggregat, d.h. eine bloß mehr oder minder zufällige Anhäufung von Denkinhalten, sondern ein System von Erkenntnissen, ein organisches Ganzes, das durch eine Idee zusammengehalten wird und von innen heraus wächst. Das sind natürlich nur Metaphern, also bildliche Ausdrücke dafür, was mit ‚System' gemeint ist; und bildlich oder metaphorisch gemeint ist auch sein Ausdruck von der Wissenschaft als ‚architektonischer Einheit'. Präziser formuliert, ist Wissenschaft für ihn ein System, d.h. ein nach Prinzipien geordnetes Ganzes von Aussagen, das der Erkenntnis dienen soll. System ist also Ordnung von Erkenntnissen, und zwar mehr als bloß Anordnung in alphabetischer Reihenfolge; ein System ist ein Gefüge von Gedanken und Einsichten unter einem bestimmten Auswahlgesichtspunkt.

So ist die Astronomie die Himmels- und Sternenkunde, welche die Bewegungen und räumlichen Entfernungen der Himmelskörper und ihre Eigenschaften untersucht. Sie befaßt sich mit dem Studium des Universums und der Gesetze, die es beherrschen, womit das Auswahlprinzip oder anders ausgedrückt: die Idee der Astronomie gekennzeichnet ist. Das bauliche Element – Kant spricht von der Architektonik – zeigt sich in der Astronomie besonders deutlich, indem die Hauptgegen- stände der wissenschaftlichen Beobachtung und Deutung in drei Forschungsbereiche unterteilt sind: das Sonnen- und Planetensystem, das Milchstraßensystem und die fremden Milchstraßensysteme, womit ein schrittweises Durchschreiten des Universums in immer größeren Dimensionen bezeichnet wird.

Die Biologie ist die Wissenschaft von den Lebewesen, von den Pflanzen, mit denen sich die Botanik beschäftigt, den Tieren, denen sich die Zoologie widmet, und dem Menschen, der für die Anthropologie der Gegenstand wissenschaftlicher Beschäftigung ist. (…) Das alle diese Einzeldisziplinen zusammenhaltende Auswahlprinzip für die Zugehörigkeit der Einzelerkenntnisse ist das Lebendige. Das ‚Leben' ist die Idee, nach der das Gebäude der Biologie errichtet ist.

Andere Wissenschaften haben es weitaus schwieriger, ihren Gegenstand und ihr Ziel genau zu bestimmen. (…)

Über die Schwierigkeiten der Systembildung in den verschiedenen Wissenschaften vermögen wir hier nur eine Andeutung zu machen: Die größte Stringenz, d.h. Bündigkeit, besitzt das aus bestimmten Grundaussagen, sog. Axiomen, entwickelte Deduktivsystem. Die Biologie bietet weitgehend ein ‚natürliches' oder Klassifikationssystem. Daneben stehen kategoriale, teleologische und didaktische Systeme. Von Sauer werden dreierlei Anforderungen an ein Wissenschaftssystem gestellt: 1. Das System muß logisch richtig sein, nebenbei auch ästhetisch befriedigen; 2. es muß erkenntnistheoretisch zutreffen und sich 3. als praktisch fruchtbar erweisen.

Andere Wissenschaften vermögen zwar ihren Gegenstand exakt anzugeben, dafür müssen sie aber, um betrieben werden zu können, ganz bestimmte Grundannahmen als schlechthin nicht in Frage zu stellen voraussetzen. So z.B. die Theologie. Für sie ist die Existenz Gottes und die Richtigkeit der Offenbarungen selbst wieder kein Gegenstand der wissenschaftlichen Auseinandersetzung. Sie klammert das Grundprinzip aus, nach welchem sie ihre wissenschaftlichen Erkenntnisse ordnet.

Ähnlich funktioniert die Systembildung in der vom historischen Materialismus beeinflußten Wissenschaft. Hier darf an dem Grundmechanismus allen gesellschaftlichen Fortschritts, der nach Karl Marx (1818-1883) allein auf der Entwicklung der ökonomischen Verhältnisse basiert, nicht gezweifelt werden.

Und doch stimmen Theologie und wissenschaftlicher Marxismus gerade in diesem Punkt mit den exakten Wissenschaften überein: Bei ihnen wird aus einem oder einer Reihe von Grund-Sätzen, die man als Postulate oder Axiome bezeichnet und deren Wesen darin besteht, daß sie ihrerseits aus keinen anderen Sätzen ableitbar sind, mit Hilfe bestimmter Ableitungsregeln das ganze System erschlossen. Aus den drei von Isaac Newton (1643-1727) aufgestellten Gesetzen der Mechanik, in denen er die Beziehungen zwischen Masse, Bewegung, Beschleunigung und Kraft in mathematische Formeln brachte, lassen sich die verschiedensten physikalischen Phänomene erklären: die Bewegungen der Himmelskörper, Flugbahnen von Erdsatelliten und Geschossen, Pendelschwingungen, das Verhalten von Flüssigkeiten usw.

Demnach ist es offenbar gar nicht einfach, für jede einzelne Wissenschaft eine Aussage darüber zu machen, was vom Gegenstand her gerade sie ‚Wissenschaft' sein läßt. Zum Glück aber haben wir einen weiteren Gesichtspunkt, um daran untrüglich Wissenschaft zu erkennen: Zum Begriff der Wissenschaft gehört definitionsgemäß die Methode. Damit bezeichnet man das Forschungsverfahren, die innerhalb eines Gedankengangs verfolgte Untersuchungsweise. Methode ist ein planmäßiges Verfahren zur Erreichung eines bestimmten Erkenntniszieles. Es hat sich gezeigt, daß jede Fragestellung die Entwicklung einer ihr angemessenen Methode verlangt und daß es weit verfehlt ist, eine für alle Gegenstände passende Universalmethode vorauszusetzen (sog. Methodenmonismus). Infolgedessen kommt es darauf an, das jeder Wissenschaft eigentümliche Denkverfahren beherrschen zu lernen."

Diederichsen, Uwe: Einführung in das wissenschaftliche Denken. Düsseldorf 1970, S. 1-4 (gekürzt)

Die Übertragung dieses Textes in ein Netz könnte wie folgt aussehen:

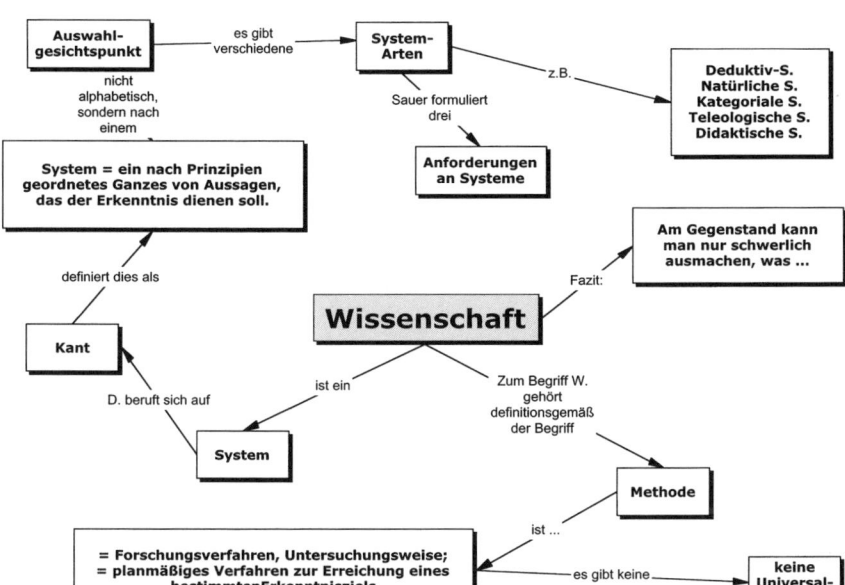

Noch ein abschließender Rat:

Verzichten Sie nicht auf die Darstellung der **Relationen!** Es ist einfach, Begriffe herauszuschreiben und sie mit Linien oder Pfeilen zu verbinden. Das kostet weniger Nachdenken, weniger Zeit. Und selbst wenn man sich in dem Augenblick, in dem man einen Text auf diese Weise visualisiert, sehr wohl über die Bedeutung dieser oder jener Linie im klaren ist, greift man nach längerer Zeit wieder auf seine Visualisierung zurück, so wird einem der Zusammenhang der Begriffe oft nicht mehr klar sein.

Alle Linien sehen gleich aus; die *unterschiedlichen* Bedeutungen der Relationen, die einem seinerzeit noch bewußt waren, sind nun nur noch schwer oder überhaupt nicht mehr zu erinnern. Gleiche Linien – so die Regel – bedeuten gleiche Relationen! Schauen Sie sich die beiden folgenden Abbildungen an. Würde das Pfeilsymbol nur eine Relation ausdrücken, so wäre der abgebildete Zusammenhang nicht sinnvoll (richtig) zu rekonstruieren. Dies erlaubt erst eine Darstellung, in der die unterschiedlichen Relationen gekennzeichnet sind.*)

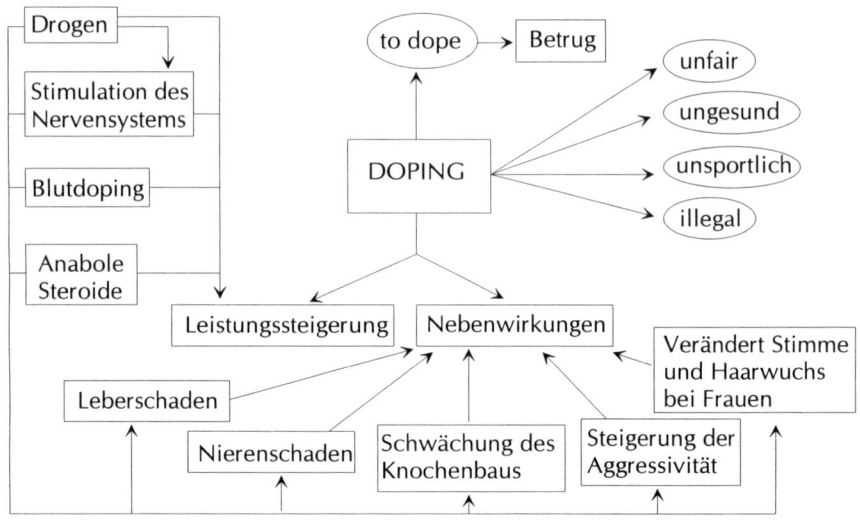

Beispiel ohne Kennzeichnung der Relationen

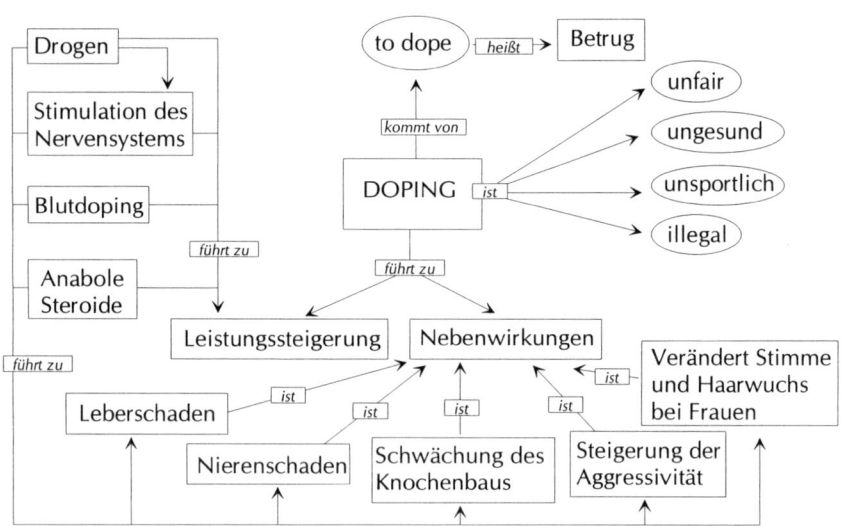

Beispiel mit Kennzeichnung der Relationen

*) Das Beispiel ist leicht modifiziert übernommen aus:

Jüngst, K. L.: Lehren und Lernen mit Begriffsnetzdarstellungen. Frankfurt am Main 1992, S. 95

Breuker, J.: Beschreibung des Lernstoffs. Essen: Gesamthochschule Essen, HDZ 1977

Dansereau, D. F. u.a.: Development and Evaluation of a Learning Strategy Training Program. Journal of Educational Psychology 71, 1979, S. 64-73

Mirande, M. u. a.: Lernen durch Schematisieren. Eine Methode zum Verstehen und Behalten von Studientexten. Essen: Gesamthochschule, HDZ 1978

Pflugradt, N.: Förderung des Verstehens und Behaltens von Textinformationen durch „Mapping" Universität Tübingen, DIFF 1985 (= Forschungsberichte 35)

Mind Mapping

Mind Mapping ist ein weniger „strenges" Verfahren als Netzwerk-Technik. Es ist ein simples Verfahren, das der Brite Tony Buzan 1974 vorgestellt hat.

Buzans Mind-Mapping-Technik läßt sich in vielerlei Hinsicht anwenden. Man kann damit planen oder skizzieren, diese Technik also als eine Art Brainstorming-Technik verwenden. Man kann diese Technik aber auch als Aufzeichnungs-Technik für *gehörte* (zum Beispiel in einer Vorlesung) oder *gelesene* Informationen verwenden. Wir wollen uns hier nur auf den Verwendungszweck „Lesen" konzentrieren. Mind Map läßt sich am besten mit dem Wort **„Gedanken-Landkarte"** übersetzen.

Worin bestehen die Vorteile der Technik?

Buzan nennt:

„(1) Die Zentral- oder Hauptidee wird deutlicher herausgestellt. (2) Die relative Bedeutung jeder Idee tritt sinnfälliger in Erscheinung. Wichtigere Ideen befinden sich in der Nähe des Zentrums, weniger wichtige in den Randzonen. (3) Die Verknüpfungen zwischen den Schlüsselbegriffen werden durch ihre Linienverbindungen leicht erkennbar. (4) Als Ergebnis werden Erinnerungsprozeß und Wiederholungstechnik effektiver und schneller. (5) Die Art der Struktur erlaubt es, neue Informationen leicht und ohne die Übersichtlichkeit störende Streichungen und eingezwängte Nachträge unterzubringen. (6) Jedes Kartenbild ist von jedem anderen nach Form und Inhalt deutlich unterschieden. Das ist für die Erinnerung hilfreich. (7) Im kreativen Bereich des Aufzeichnens, etwa bei der Vorbereitung von Aufsätzen und Reden, erleichtert es das nach allen Seiten offene Kartenschema, neue Ideenverknüpfungen herzustellen." (S. 103).

Wie erstellt man eine Mind Map?

Bei einer Mind-Map beginnt man – im Unterschied zu traditionellen Aufzeichnungen – mit der Zentralidee (oder dem Zentral-Thema) in der Mitte des
Blattes.

Um die Grundstruktur einer Mind-Maps sichtbar zu machen, werden die
einzelnen Gedanken zu diesem Zentralthema auf – vom Zentrum ausgehende
– Linien geschrieben. Jeder neue Gedanke bedeutet eine neue Linie, die entweder vom Zentrum ausgeht (Ast) oder eine bereits bestehende Linie (Zweig)
fortführt. Dabei sollte man möglichst nur Stichworte, Schlüsselwörter (keine
Sätze) benutzen. Die Schlüsselwörter möglichst in Druckschrift schreiben.
Dies erleichtert das Nachlesen und die Auswertung zu einem späteren Zeitpunkt.

Wann immer es möglich ist, sollten visuelle Darstellungsmittel benutzt
werden, aber nicht nur symbolische Zeichen wie zum Beispiel Pfeile, Symbole
(Frage-, Ausrufezeichen usw., Quadrate, Kreise, Linien usw.), sondern vor
allem kreative Bilder (also ikonische Darstellungen).

Beispiel: Lesen und Anfertigung einer Mind Map

Betrachten wir noch einmal unseren Beispiel-Text „Die unterschiedlichen
Zwecke des Lesens" aus Kapitel 3.2. Diesen Text während oder nach dem
Lesen in eine Mind Map zu übertragen, ist ohne weiteres möglich.

Zum Beispiel könnte es (gekürzt) so aussehen:

Mut zum Zeichnen!

Mind Maps anzufertigen, erfordert ein wenig Mut, Mut zu visualisieren. Kinder zeichnen gerne, Erwachsene, zumal dann, wenn sie sich mit Wissenschaft befassen, nicht. Zwar gibt es viele historische Beispiele für die Bedeutung des Visualisierens für persönliche Aneignungs- und Erkenntnisprozesse (Einstein, Leonardo da Vinci usw.), aber sie sind – gemessen an der Menge der Wissenschaftler die – zumal berühmten – Ausnahmen. Sich mit Wissenschaft zu beschäftigen, das heißt immer noch, und zuvörderst in den geistes-, sprach- und sozialwissenschaftlichen Fächern, sich im Medium „Sprache" zu verständigen.

Deshalb unsere Empfehlung: Scheuen Sie sich nicht, Bilder, Comics, kleine Kritzeleien oder welche ikonischen Ausdrucksformen auch immer Ihnen einfallen mögen, einzusetzen. Auch wenn Bilder mehrdeutig sind, *Ihre* kreativen Umsetzungen sind nach unserer Überzeugung von hohem Wert. Sowohl was die Erarbeitung der Inhalte selbst betrifft, als auch was das dauerhafte Behalten bzw. die Möglichkeit der Rekonstruktion des einmal Gewußten anbelangt.

Buzan, T.: Kopftraining. Anleitung zum kreativen Denken. München 1984 (2. Aufl.)

„Wenn du ein Buch oder eine Abhandlung gelesen hast, so sorge dafür daß du es nicht umsonst gelesen haben magst; abstrahiere dir immer etwas daraus zu deiner Besserung, zu deinem Unterricht oder für deine Schriftsteller-Ökonomie."
(Georg C. Lichtenberg, S. 453)

4. Wie man in Gruppen Texte bearbeiten kann

Worum geht es im 4. Kapitel?

Wir behandeln:

4.1 Methoden der Kleingruppen-Arbeit

Die Methoden und Ratschläge, wie man Texte im Seminar und in Klein-gruppen-Arbeit erarbeiten und diskutieren kann, sollten Sie nicht als „Rezepte", sondern als Vorschläge begreifen. Sie sollten diese Methoden ausprobieren und gegebenenfalls verwerfen, erweitern oder Ihrer kon-kreten Studiensituation angemessen modifizieren.

4.2 Manipulative Argumentations-Strategien

Wir geben Ihnen Empfehlungen, wie Sie manipulative Strategien in Texten erkennen können. Als manipulative Strategie bezeichnen wir den Versuch eines Autors, mit anderen als mit sachlichen Argumenten zu überzeugen.

4.1 Methoden der Textarbeit in Seminaren und Kleingruppen

Viele Seminar-Diskussionen über Texte oder Themen verlaufen für alle Beteiligten unbefriedigend ab, weil zum Beispiel

❏ die Texte nicht oder nur oberflächlich gelesen wurden, weil man das Seminar nicht wegen seines Interesses am Inhalt, sondern ausschließlich wegen des Erwerbs eines „Scheins" besucht;

❏ oft in einer unverständlichen Sprache geredet („geblufft") wird, die eher einschüchtern und vom eigenen oberflächlichen Kenntnisstand ablenken, denn informieren soll;

❏ zu schnell von der Stufe der Rezeption, d.h. der Vergewisserung des Textverständnisses, der verwendeten Fachbegriffe auf die Stufe der „kritischen" Auseinandersetzung gesprungen wird;

❏ die Präsentation der Referate zu viel Zeit in Anspruch nimmt und zu wenig Zeit für die aktive Auseinandersetzung mit einem Thema bleibt;

❏ die Zahl der Teilnehmerinnen und Teilnehmer viel zu groß ist (30 und mehr), um intensive, für alle gewinnbringende und möglichst viele Studierende einbeziehende Diskussionen führen zu können.

Dies mag sicherlich zum einen an den *Bedingungen der Massen-Universität* liegen (überfüllte Seminare, Anonymität, Unverbindlichkeit). Es liegt aber zum anderen auch an der vielerorts fehlenden methodischen Phantasie vieler *Lehrender,* herauszutreten aus dem Trott „studentisches Referat mit anschließender Diskussion". Und es liegt nicht zuletzt auch an den *Studierenden* selbst, andere Formen der Erarbeitung und Diskussion von Texten sowie des Umgangs miteinander im und außerhalb des Seminars auszuprobieren.

Wir machen Sie im folgenden Abschnitt mit einigen Verfahren bekannt, mit deren Hilfe man Texte und Themen in Kleingruppen im oder in Arbeitsgruppen außerhalb des Seminars möglichst **motivierend, aktivierend** und **zielgerichtet** erarbeiten sowie kommunizieren kann.

Einige dieser Methoden haben den Charakter von Checklisten („Tue dies und jenes!"). Gegen Checklisten läßt sich manches einwenden. Sie sind vorschreibend („Du sollst ...!"), sie suggerieren Handlungserfolg („Wenn du das tust, dann ...!"), und sie vereinfachen häufig allzu grob. Checklisten sind also insofern immer kritisch zu betrachten. Einen Vorteil haben sie trotzdem, und das macht sie auch bei vielen Menschen beliebt: Sie machen handlungsfähig! Sie wägen nicht ständig ein „Pro" gegen ein „Kontra" ab. Sie halten nicht jedem Vorschlag zum Handeln ein kritisch-kluges „Ja, aber . . ." entgegen. Sie setzen voraus, daß Sie das selbst tun.

Wir denken, die im folgenden vorgestellten Checklisten sind es wert, ausprobiert und dann entweder akzeptiert, modifiziert oder verworfen zu werden.

Leitlinien zur Behandlung von Texten in Gruppen-Diskussionen von Fawcett Hill

„Hierbei steht die Lektüre des Textes in der Weise in Verbindung mit einer Lehrveranstaltung (Seminar, Übung), daß in der Regel jeweils ein Kapitel für eine Sitzungseinheit von allen Teilnehmern gelesen wird (arbeitsteilig zusätzliche Lektüre) und daß für die Diskussion des Kapitels die Lehrveranstaltung selbst genutzt wird. Je nach Teilnehmerzahl kann diese Diskussion entweder ausschließlich und über die ganze Zeit im Plenum erfolgen. Bei größerer Teilnehmerzahl ergibt sich dann die bekannte Situation, daß nur wenige das Wort führen, während die Mehrheit stumme Zuhörer sind. Um diese Situation zu vermeiden, können bei Lehrveranstaltungen mit größerem Teilnehmerkreis – sofern es die räumlichen und/oder zeitlichen Verhältnisse erlauben – Kleingruppendiskussionen organisiert werden, deren Ergebnisse dann wiederum dem Plenum vermittelt werden. Allerdings kann es, wenn diese Diskussionen zu naturwüchsig und ohne systematische Betreuung (etwa durch Tutoren oder Dozenten) durchgeführt werden, bei unerfahrenen Gruppen zu erheblichem Leerlauf und zu Verärgerungen kommen, d.h. der mögliche Lerngewinn wird nicht voll ausgeschöpft (…)" (Haller, Flechsig, S. 306)

Aus dieser offenbar international gleichbleibenden Analyse entwickelt Fawcett Hill folgende

„Leitlinien für die Vorbereitung

❏ *Schreiben Sie alle Wörter auf, über die Sie sich nicht im klaren sind. Schauen Sie sie nach, und schreiben Sie ihre Definition auf.*

❏ *Schreiben Sie in Ihren Worten eine allgemeine Aussage über die Botschaft des Autors.*

❏ *Suchen Sie die Unklarheiten des Textes heraus.*

❏ *Notieren Sie die Unterthemen, bei denen Sie Verständnisschwierigkeiten hatten oder von denen Sie glauben, daß sie für eine Diskussion wertvoll sind.*

❏ *Schreiben Sie in Form einer kurzen Aussage die inhaltlichen Gesichtspunkte auf, die in jedem Unterthema angesprochen werden. Schreiben Sie zu jedem eine Frage auf.*

❏ *Schreiben Sie die Bedeutung oder den Nutzen des bislang Erarbeiteten für andere Bereiche und Probleme auf.*

❏ *Führen Sie andere Gesichtspunkte an, die in diesem erarbeiteten Material enthalten sind, die ihm widersprechen oder die es erweitern.*

❏ *Schreiben Sie auf, wie diese Gesichtspunkte in Ihren eigenen vergangenen, gegenwärtigen oder zukünftigen Lebens- und Erfahrungsbereich passen; schreiben Sie auf, welche Implikationen der Text für Ihre eigenen geistigen Interessen und Ihre Studien hat.*

❏ *Schreiben Sie Ihre Reaktionen und Ihre Bewertung zu dem gesamten Text oder zu dem Ihnen zugeteilten Abschnitt auf." (S. 309)*

Das vom Autor benutzte „Du" wurde von uns durch das „Sie" ersetzt.
Fawcett-Hill, W. M.: Learning thru discussion. 6. Aufl. Beverly Hills, London 1969. Zit. n. Flechsig, K.-H.; Haller, H.-D.: Einführung in didaktisches Handeln. Stuttgart 1975, S. 309

ETSI (Education Through Student Interaction)

Karen G. K. Kitchener und James C. Hurst, die dieses Verfahren entwickelt haben, verbinden damit die Erwartung, Studierende dazu anzuleiten, Studien-Material/-Texte zielgerichtet in Einzelarbeit zu erarbeiten und in selbstgeleiteten Gruppen zu diskutieren.

Anwendung – Ablauf

Die Studierenden sollen den Studientext zu Hause wie folgt erarbeiten. (1) Sie sollen die Begriffe, die ihnen unklar, aber für das Verständnis des Textes von zentraler Bedeutung zu sein scheinen, herausschreiben. (2) Sie sollen auch jene Wörter festhalten, die der Autor in unüblicher oder zweideutiger Weise verwendet. (3) Der Text soll in eigenen Worten zusammengefaßt werden.

In der Gruppe wird der Text in mehreren Schritten diskutiert. An der Diskussion darf nur teilnehmen, wer sich zu Hause entsprechend vorbereitet hat. Die einzelnen Schritte der Gruppendiskussion sollten von jeweils einem Studierenden moderiert werden.

Schritt 1: Klärung der Begriffe und Definitionen

Um terminologische Streitigkeiten und Mißverständnisse in der Diskussion des Textes zu vermeiden, werden im ersten Schritt die für den Text relevanten Begriffe geklärt und ein gemeinsames Begriffsverständnis erarbeitet. Hierbei können folgende Leitfragen hilfreich sein:

❑ Welche Begriffe werden im Text in unüblicher Weise benutzt? Welche Begriffe oder Wörter haben eine spezielle Bedeutung?

❑ Enthält der Text Begriffe, die nicht definiert wurden? Wenn ja, welche sind dies, und was ist unter diesen Begriffen zu verstehen?

Schritt 2: Klärung der Hauptaussagen des Textes

In diesem Schritt geht es um die Erarbeitung der zentralen Aussagen des Textes. Für diesen Zweck ist es nützlich, wenn drei oder vier Studierende ihre Zusammenfassung des Textes vortragen und dann versuchen, zu einer Übereinstimmung zu gelangen. Folgende Leitfragen können dabei hilfreich sein:

❑ Was versucht der Text auszudrücken?

❑ Besteht in der Gruppe Konsens über die Hauptaussagen des Textes? Wenn nein, welche Alternativen werden vorgeschlagen?

Schritt 3: Inhaltsanalyse

Ziel der Inhalts-Analyse ist das gründliche Verstehen des Textes im einzelnen. Die Studierenden werden aufgefordert, Verständnis-Fragen zu stellen, die sich für sie bei der Texterarbeitung ergeben haben.

Schritt 4: Textkritik

Als nächstes steht die kritische Diskussion der identifizierten und verstandenen Aussagen des Textes im Mittelpunkt. Leitfragen können sein

❑ Ist die Darstellung eines Standpunktes gelungen (verständlich, nachvollziehbar usw.)?

❑ Durch welche Beweise/Belege wird die Hauptschlußfolgerung gestützt?

❑ Sind die Beweise/Belege korrekt?

❑ Von welchen als wahr unterstellten Prämissen geht der Text aus?

❑ Sind diese Prämissen vernünftig/einleuchtend?

❑ Folgt die Darstellung bestimmten gegenstandsspezifischen, methodischen Kriterien?

❏ Stimmt der dargelegte Standpunkt mit Ihrer Erfahrung überein, oder widerspricht er ihr?

Schritt 5: Integration

Erst nach einer kritischen Prüfung kann die Textinformation in Beziehung
zum bisherigen Wissen und Verhalten der Studierenden gesetzt werden. Leitfragen können sein:

❏ Geben Sie Beispiele, wie sich der Text auf andere Informationen/Wissens-
bereiche beziehen läßt, über die Sie etwas gelesen haben oder über die Sie
in anderen Kursen unterrichtet wurden!

❏ Fragen Sie andere Teilnehmer, wie sie die neuen Informationen mit ihren
bisherigen Auffassungen/Informationen vereinbaren/verknüpfen können!

❏ Bitten Sie die Teilnehmer um Unterstützung, mögliche Widersprüche
zwischen Ihren bisherigen Auffassungen und den neuen Informationen/
Standpunkten zu klären!

Den Abschluß jeder Gruppensitzung bildet eine kurze Evaluation (Auswertung). Die Autoren haben für diesen Zweck einen kurzen Fragebogen entwickelt, den die Studierenden verwenden. Die Evaluation der Sitzung ist sehr
wichtig. Nicht allein, um das Erreichen der Ziele zu kontrollieren, sondern
auch, um den Prozeß der Kommunikation zu beurteilen. Beide Gesichtspunkte
– inhaltliche (Zielerreichung) und prozessuale (Diskussionsstil, -klima) – sind
für die Arbeitseffektivität der Gruppe gleichermaßen wichtig. Die Selbst-
evaluation ermöglicht es der Gruppe, eventuell auftretende Probleme sowohl hinsichtlich des einen wie des anderen Aspekts zu erkennen und einer
für alle Gruppenmitglieder akzeptablen Lösung näherzubringen.

Modifiziert nach:
Kitchener, K. G.; Hurst, J. C.: ETSI. The Student Manual for Education
Through Student Interaction. Rocky Mountain Behavioral Science
Institute, Fort Collins, Colorado 1972

Reziprokes Lehren

Reziprokes Lehren ist eine Form des strukturierten Unterrichtsgesprächs, das
helfen soll, Sachtexte zu erschließen. Es wurde von den beiden Wissenschaft-
lerinnen Annemarie S. Palinscar und Ann L. Brown an der Michigan State
University entwickelt und vor allem im Bereich schulischen Lernens erprobt,
läßt sich nach unserer Erfahrung aber auch in universitären Kleingruppen gut
verwenden.

Beim reziproken Lehren übernehmen die Lernenden abwechselnd reihum die Rolle der Lehrperson. Die Lehrperson ist „primus inter pares", Animator, Gesprächsleiterin. Zunächst lesen die Teilnehmer den Text oder einen bestimmten Textabschnitt. Das anschließende strukturierte Unterrichtsgespräch vollzieht sich dann in den vier Schritten „Fragen – Zusammenfassen – Klären – Vorhersagen". Besonders die beiden ersten Schritte sind unseres Erachtens geeignet, daß sich die Gruppe über die zentralen Aussagen eines Textes verständigt.

Schritt 1:

Die Person in der Rolle des Lehrenden formuliert **Fragen,** die sich aus dem Text selbst beantworten lassen; die Teilnehmer antworten.

Schritt 2:

Die „Lehrende" gibt eine kurze **Zusammenfassung** des Textes, die gegebenenfalls von den Teilnehmern ergänzt oder korrigiert werden kann.

Schritt 3:

Der „Lehrende" identifiziert **unklare Aussagen, Begriffe** usw., und die Gruppe sucht gemeinsam nach Erklärungen.

Schritt 4:

Die „Lehrende" versucht **Voraussagen** über den möglichen Fortgang („Was kommt als nächstes?") des Textes zu treffen. Dieser Schritt dürfte sich in der von den Autorinnen vorgeschlagenen Form bei wissenschaftlichen Texten nicht verwirklichen lassen. Sinnvoller erscheint auf akademischem Niveau eine kritische Auseinandersetzung mit dem Text.

Danach übernimmt ein anderer Teilnehmer die Rolle des „Lehrenden".

Aeschbacher, U.: „Reziprokes Lehren". Eine amerikanische Unterrichtsmethode zur Verbesserung des Textverstehens. In: Beiträge zur Lehrerbildung 7, 1989, 2. S. 194-204

Krapf, B.: Reziprokes Lehren. In: Ders.: Aufbruch zu einer neuen Lehrkultur. Bern, Stuttgart, Wien 1992, S. 79-100

Palinscar, A. S.; Brown, A. L.: Reciprocal Teaching of Comprehension Fostering and Comprehension Monitoring Activities. Cognition and Instruction 1984, 1, S. 117-175

Jigsaw-Methode

Die von E. Aronson entwickelte Jigsaw-Methode (jigsaw = Puzzle, Mosaik) aus dem angloamerikanischen Raum, die sich auf die Diskussion von Texten in Kleingruppen bezieht, beschreibt Detlef Horster.

Voraussetzung für die Anwendung dieser Methode ist ein Text, der aus mehreren klar voneinander abgrenzbaren Kapiteln besteht.

Schritt 1:

Es bilden sich **Kleingruppen** (die sogenannten Jigsaw-Gruppen), deren Größe sich in Abhängigkeit von der Anzahl der im Text enthaltenen Kapitel bestimmt. Wenn also der Text aus drei Kapiteln und die Gruppe aus neun Personen besteht, dann bilden sich drei Kleingruppen. Natürlich ist dies eine idealtypische Konstellation. Realiter wird man wohl die Textaufteilung der Gruppengröße anpassen müssen.

Schritt 2:

Jedes Kleingruppenmitglied erhält jeweils einen Text**teil** (ein Kapitel). Sodann beginnt die Bildung sogenannter Expertengruppen. Die Teilnehmer, die den ersten Teil (das erste Kapitel) des Textes besitzen, verlassen ihre Kleingruppe und bilden mit jenen Teilnehmern der anderen Kleingruppen, die ebenfalls den Textteil 1 besitzen, eine **Expertengruppe,** die Teilnehmer, die den zweiten Teil (das zweite Kapitel) des Textes besitzen, eine zweite Expertengruppe usw.

Schritt 3:

Die Teilnehmer einer Expertengruppe setzen sich zusammen, lesen den Text, verständigen sich über schwierige Stellen oder Fragen, die nicht verstanden wurden. Sie tun dies solange, bis jeder in einer Expertengruppe in der Lage ist, den Text zu referieren.

Schritt 4:

Danach gehen sie in ihre Jigsaw-Gruppe zurück und referieren nun in der Reihenfolge 1., 2., 3. usw. die Texte.

Im Anschluß an die Jigsaw-Gruppen-Sitzung bieten sich verschiedene Formen der weiteren Texterarbeitung an, sei es, daß einzelne Mitglieder der Experten-Gruppen die Textteile (Kapitel) im Plenum referieren, sei es, daß die Mitglieder der Jigsaw-Gruppen gemeinsam Fragestellungen, die sich aus dem Text ergeben, erarbeiten und im Plenum präsentieren usw. Der didaktischen Phantasie sind hier keine Grenzen gesetzt.

Nach Auffassung von Horster besteht ein großer Vorteil dieser Methode darin, daß in beiden Stadien der Texterörterung, sowohl in der Expertengruppe als auch der Jigsaw-Gruppe, Konkurrenz-Situationen minimiert werden, also die Möglichkeit besteht, daß sich alle Gruppenmitglieder äußern.

Es darf allerdings bei der Methode nicht übersehen werden, daß sie sich nur auf Texte anwenden läßt, deren einzelne Kapitel in recht hohem Maße „kontextfrei" sind, also für sich allein gelesen werden können und zu verstehen sind. Für deskriptive, erklärende Texte dürfte dies eher zutreffen als für erörternde, argumentative Texte.

 Horster, D.: Sokratische Gespräche in der Erwachsenenbildung. In: Das Sokratische Gespräch – ein Symposion. Hamburg 1989, S. 147-165 (Die Jigsaw-Methode stammt von: E. Aronson u. a.: The Jigsaw Classroom. Beverly Hills 1978)

Diskussionen und Lesearbeit vergegenständlichen

Die schon mehrfach zitierten Klagen über die Zeitverschwendung in Seminaren haben oft ihre Gründe in der Art und Weise, wie miteinander kommuniziert wird. Es wird nicht zugehört, es wird versucht, nur den eigenen Standpunkt durchzusetzen, gute Ideen, Vorschläge werden häufig ignoriert, weil sich nicht die beste Idee, das beste Argument, sondern der sprachgewandteste Teilnehmer durchsetzt. Dadurch daß man sprachliche Resultate veranschaulicht, graphisch darstellt, eben visualisiert, können Diskussionen zielgerichteter und dadurch die Lesearbeit effektiver werden.

Das Visualisieren (zum Beispiel als Mind Map oder als Netz) von Text-Diskussionen (auf Papierbögen in den Formaten DIN A 1 oder DIN A 0 oder mit Kärtchen auf Pinnwänden usw.) in Kleingruppenarbeit hat mehrere Vorteile:

❑ Auf diese Weise kommen auch solche Personen zu Wort, die weniger wortgewandt sind.

❑ Die Diskussion verläuft sehr stark ergebnis- bzw. produktorientiert.

❑ Die Visualisierungen können im Plenum präsentiert, zur Diskussion gestellt werden; sie helfen als Gedächtnisstütze beim Referieren sowohl dem Redner wie den Zuhörerinnen.

❑ Die gemeinsame Herstellung solcher Visualisierungen fördert das Verantwortungs-Bewußtsein aller Teilnehmer für den Diskussions-Verlauf und macht außerdem noch Spaß!

❏ Visualisierungen können immer wieder „ein-" und „ausgepackt", d. h. oft genutzt werden.

> *„Wir sollten weniger sprechen und mehr zeichnen."*
>
> *(Johann W. Goethe)*

Methoden der Kleingruppen-Arbeit

Die folgenden sechs Methoden beziehen sich stärker auf die „äußere" Seite, d.h. auf organisatorische bzw. „dramaturgische" Aspekte der Erarbeitung und Diskussion von Texten in Kleingruppen und Plenarveranstaltungen. Sie sind als Alternativen oder als Ergänzung zum herkömmlichen seminaristischen Muster „Referat – Diskussion" zu verstehen. Aber Achtung: Lehrende setzen solche Methoden selten ein, sei es aus Unkenntnis, sei es, weil sie sich vor der vermeintlich fehlenden Seriosität solcher „didaktischer Spielereien" fürchten.

Der Einfachheit halber verwenden wir im weiteren die folgenden Abkürzungen: D (= Diskussionsleiterin), T (= Teilnehmerin).

Antworten-Karussell

Ziel:
Möglichst viele T sollen sich zu einem Problem, einer Frage usw. äußern.

Durchführung:
T sitzen im Kreis. D fordert die T auf, der Reihe nach Stellung zu nehmen. Niemand darf sich ein zweites Mal äußern, bevor nicht alle T dran waren. D faßt die Beiträge der T zusammen, eröffnet sodann eine freie Diskussion.

Aquarium

Ziel:
Viele T sollen über ein Thema, Problem usw. eine bestimmte Zeit lang möglichst engagiert diskutieren.

Durchführung:
Eine Gruppe von etwa 5 bis 8 T diskutiert stellvertretend für eine Gesamtgruppe von beispielsweise 15 bis 30 T etwa 15 bis 20 Minuten ein Thema. Die Kleingruppe bildet einen kleinen Stuhlkreis (Innenkreis), die anderen T plazieren sich außen herum (Außenkreis). Eine Variation dieser Methode

besteht darin, einen Stuhl im Innenkreis frei zu lassen. Hat ein T aus dem Außenkreis Lust, sich an der Diskussion zu beteiligen, nimmt er auf dem leeren Stuhl im Innenkreis Platz, trägt seine Meinung vor und kehrt wieder in den Außenkreis zurück.

Debatte mit anschließender Diskussion

Ziel:
Ein Standpunkt zu einem Thema, eine Lösung für eine Aufgabe usw. soll argumentativ vertreten werden.

Durchführung:
Zwei T einer Gruppe diskutieren etwa 10 bis 15 Minuten ein Thema kontrovers. Jeder erhält zunächst die Gelegenheit zur Darstellung seines Standpunkts, zur Vorstellung seiner Lösung. Hierfür wird beiden T die gleiche Zeit zur Verfügung gestellt. Im Anschluß daran streiten die beiden T in freier Rede. Nach Ablauf der Debatte können sich die übrigen T der Gruppe an der freien, durch D geleiteten Diskussion beteiligen.

Bienenkorb

Ziel:
In kurzer Zeit sollen zu einem Problem, einer Aufgabe, einer Frage in Kleingruppen Lösungen oder Antworten gefunden werden; möglichst viele T sollen aktiviert werden.

Durchführung:
Eine Gruppe wird für etwa 10 bis 15 Minuten in Untergruppen (je nach Gruppengröße in Untergrupen von drei bis sechs Personen) aufgeteilt, um ein Problem, eine Aufgabe zu diskutieren, zu lösen. Jede Untergruppe bestimmt eine Person, die anschließend die Ergebnisse der Gesamtgruppe vorträgt.

Viereck

Ziel:
Unterschiedliche Standpunkte zu einem kontrovers diskutierten Problem sollen begründet und im Plenum argumentativ vertreten werden.

Durchführung: Im Seminarraum wird in jeder der vier Ecken ein Plakat aufgehängt. Jedes Plakat enthält eine Aussage/Statement, das einen bestimmten Standpunkt zu einem Problem besonders pointiert ausdrückt. Die T ordnen sich derjenigen Aussage zu, der sie selbst am ehesten zustimmen würden, und diskutieren zehn Minuten lang. Im Anschluß daran sollen die unterschiedlichen Standpunkte im Plenum diskutiert werden.

Kugellager

Ziel:
Möglichst viele T sollen aktiviert werden, sich zu einer präzisen Fragestellung zu äußern.

Durchführung:
Die T bilden einen Innen- und einen Außenkreis in der Weise, daß jeder T des Innenkreises einem Partner aus dem Außenkreis zugewandt ist. Die Paare diskutieren ca. fünf Minuten eine vom Dozenten vorgegebene Fragestellung. Danach setzen sich die T des Innenkreises zwei Plätze nach rechts weiter und diskutieren mit ihren neuen Partnern wiederum ca. fünf Minuten lang die Fragestellung. Anschließend wird die Frage im Plenum erörtert.

Positionswechsel

Ziel:
T sollen lernen, das Für und Wider einer Stellungnahme abzuwägen.

Durchführung:
Die T bilden zwei Parteien: pro und kontra. Nach 10 bis 15 Minuten Diskussion wechseln sie die Seiten und diskutieren von der Gegenseite aus noch einmal.

4.2 Manipulative Argumentations-Strategien

Die Frage, wie man sich mit Kommilitoninnen und Kommilitonen in der Gruppe über wissenschaftliche Texte verständigt, erfordert eine kurze Vorüberlegung.

In den Kapiteln 1. bis 3. haben wir auf verschiedene Eigenschaften wissenschaftlicher Texte hingewiesen und Vorschläge zur Bearbeitung gemacht. Dabei haben wir noch nicht berücksichtigt, daß alle diese Texte zugleich Offerten zur wissenschaftlichen Verständigung der am jeweiligen Thema interessierten Fachleute sind. Zwar handelt es sich hier um Kommunikationsangebote in Schriftform, aber auch diese wird durch Stilmerkmale geprägt, die sich zum Teil ebenfalls in der mündlichen Kommunikation von Wissenschaftlern zeigen.

Heinz L. Kretzenbacher hat unter Rückgriff auf eine Publikation von Harald Weinrich die sprachlichen Strategien beschrieben, mit denen Wissenschaftler Sachlichkeit, Objektivität und Durchsichtigkeit ihres Kommunikationsstils zu erreichen trachten:

❑ Bevorzugung des Nominalstils und der Passivkonstruktionen

❑ Vermeidung der Personalpronomen ich – du/Sie

❑ Vermeidung von sprachlichen Bildern, Metaphern

❑ Vermeidung einer erzählenden, narrativen Haltung

Kretzenbacher spricht noch provokanter vom **„Ich-, Metapher- und Erzähl-Tabu"**. Hinter diesen Stilverboten und Normen steht das idealistische Bild eines Wissenschaftlers, der hinter Objekt, Prozeß, Produkt und Interesse der Forschung zurücktritt, als Individuum nicht mehr faßbar wird. Zugleich wird dadurch jedoch verschleiert, daß der Autor eines wissenschaftlichen Textes aus einem sozialen Zusammenhang heraus schreibt und den Leser überzeugen will. Insofern wirkt das beschriebene Verfahren im Kommunikationsprozeß manipulativ, ohne daß dies Sender und Empfängerin bewußt sein muß.

Die mündliche Kommunikation in Seminaren und Kleingruppen, meist in der Form der Diskussion, ist darüber hinaus aus weiteren Gründen erschwert.

Und zwar weil:

❑ es offenbar mehr als des guten Willens bedarf, Seminar-**Diskussionen zu leiten.**

❏ manche Teilnehmer weniger Interesse an der gemeinsamen Erarbeitung des Themas, sondern mehr an der **Darstellung ihrer Person** haben.

❏ viele Menschen eine **manipulative Sprache** verwenden.

Auf den letzten Aspekt (der unmittelbar mit dem Thema „Lesen" zu tun hat) wollen wir im folgenden eingehen. Wir möchten Ihnen einige Strategien zur Vermeidung oder Aufdeckung einer manipulativen Sprache vorstellen.

Die Ratschläge von Robert Barrass

Sagen Sie nicht	*wenn Sie meinen oder* *bzw.* *sagen müßten*
Wenn Sie dies lesen	*könnte es auch das bedeuten*
Wie bekannt ist	Ich denke/meine
Es ist klar, daß	Ich denke/meine
Vielleicht könnte man sagen	Ich weiß nicht, was ich denken/meinen soll
Es besteht Übereinstimmung in	Einige Personen denken/meinen
Jeder vernünftige Mensch weiß	Ich glaube
Aus einleuchtenden Gründen	Ich habe keinen Beweis
Es besteht kein Zweifel	Ich bin überzeugt
Es ist wahrscheinlich, daß	Ich habe nicht genug Beweise
Wie Sie wissen	Sie wissen es wahrscheinlich nicht
Vorläufige Schlußfolgerungen	Möglichkeiten
Soweit mir bekannt ist	Ich kann mich auch irren
Es ist nicht notwendig, auf diesen Punkt näher einzugehen	Ich möchte es Ihnen nicht erläutern müssen
Das typischste Beispiel	Das Beispiel, das sich meiner Absicht am besten anpaßt

Barrass, R.: Scientists Must Write. London, New York 1983 (4. Aufl.), S. 30

Die Klassifikation der manipulativen Wissenschafts-Sprache von Wolf Wagner

„Jeder Beruf hat eine eigene Fachsprache entwickelt. Es kommt erst einmal darauf an, was man mit so einer Fachsprache machen will. Geht's drum, Inhalte oder Begriffe zu präzisieren und möglichst genau auszudrücken, finde ich es schon richtig, wenn es eigene Bezeichnungen dafür gibt. Wenn Sprache so eine Art Krücke ist, Inhalte genauer oder formaler auszudrücken. Schwieriger finde ich es, wenn es eigentlich nur so ein Punkt ist, Dinge zu verschleiern. Bei einigen Seminaren habe ich das schon erlebt, und da wehre ich mich dagegen, indem ich sage: ‚Kannst du das mal übersetzen?'" (Ein Publizistik-Student zum Thema „Wissenschaftssprache") *)

Wolf Wagner hat eine Liste der typischen – sowohl in der gesprochenen wie der geschriebenen Rede üblichen – Bluff-Strategien gesammelt, mit amüsanten, aber umso einprägsameren Bezeichnungen und realistischen Beispielen versehen.

Relevanz-Klatsche
„Das ist ja sehr originell, aber ich kann die Relevanz für das Thema nicht sehen."

Differenzierungs-Spachtel
„... aber das müßte viel differenzierter angegangen werden."

Literatur-Schraube
„... aber die neuere französische Literatur ist nicht genügend eingearbeitet."

Aspekt-Zwicke
„... aber Sie hätten den internationalen Aspekt stärker berücksichtigen müssen."

Dialektik-Rutsche
„... aber die Analyse geht an der Dialektik von Teil und Ganzem vorbei."

Wissenschaftlichkeits-Hammer
„... aber genügt nicht den Anforderungen wissenschaftlicher Maßstäbe."

Niveau-Falle
„... aber Sie passen sich auf Kosten des wissenschaftlichen Niveaus doch zu sehr dem Publikumsgeschmack an."

Literatur-Drohung
„Wie in der neueren Literatur übereinstimmend festgestellt wird..."

Experten-Demonstration
„Nach meinen jahrelangen Studien zu diesem Problem kann ich sagen..."

Sprachnebel
„Man muß die ganze Komplexität der Zusammenhänge in ihrer dynamischen Entwicklung und Konfiguration berücksichtigen, wenn man zu präzisen Aussagen kommen will, was in Anbetracht der kommunikativen Präponderanz unter spezifischer..."

Konjunktiv-Volte
„Ich würde meinen wollen..."

Unbestimmtheits-Produktion
„vielleicht", „unter Umständen", „meist", „im allgemeinen", „nahezu", „überwiegend"

Prominenten-Zitat
„Wie sich schon bei X nachlesen läßt..."

Beleg-Mauer
„Das ist in der Geschichte (Müller 1983, Schulz 1984), *Gegenwart* (Schmitt 1982, Maier 1983), *in der nahen* (Hofer 1979, Kasper 1981) *und fernen* (Kolle 1983, Schully 1980) *Zukunft – man kann wohl sagen: immer* (Lutze 1984, Kröger 1983) *– das Ergebnis nationaler* (Krause 1976)..."

Nach: **Wagner, W.**: Diskussionswaffen. Kassandra 1, 1985, 4, S. 5 - 6
*) Das einleitende Zitat entstammt dem Artikel „Laßt Euch nicht bluffen!" Reflexionen zum Thema Sprache im Wissenschaftsbetrieb von **Silvia Kusidlo** und **Thorsten Altenkirch** im gleichen Heft (S. 23 - 25)

Dogmatischer Stil: die Hinweise von Suitbert Ertl

Ertl hat ein Analyse-Schema entwickelt, mit dem man überprüfen kann, ob der Stil eines Autors (und mithin auch sein Denkansatz bzw. seine Art zu überzeugen) als dogmatisch zu bezeichnen sind. Folgende Stilmerkmale weisen nach Auffassung von Ertl auf einen dogmatischen Stil hin:

Häufigkeits-Ausdrücke: immer, stets, ständig
anstelle von: in der Regel, häufig, oft, selten usw.

Mengen-Ausdrücke: alle, alles, keine, nichts
anstelle von: die meisten, viele, manche, wenige usw.

Maß-Ausdrücke (vor allem Superlative): äußerst, völlig, vollkommen, absolut, höchst
anstelle von: einigermaßen, ziemlich, sehr, besonders usw.

Notwendigkeits-Ausdrücke: kann nicht, darf nicht, muß, läßt sich nicht...

Gewißheits-Ausdrücke: natürlich, selbstverständlich, zweifellos
anstelle von: vielleicht, wahrscheinlich, vermutlich usw.

 Ertl, S.: Erkenntnis und Dogmatismus. Psychologische Rundschau 23, 1972, S. 241-269

> *„Gewöhnlich glaubt der Mensch, wenn er nur Worte hört,*
> *es müsse sich dabei doch auch was denken lassen."*
>
> *(Johann W. Goethe)*

Die Maxime von Karl Popper: „Keine Angst vor großen Worten!"

Der Philosoph Karl Popper hat einmal gesagt: „Das grausame Spiel, Einfaches kompliziert und Triviales schwierig auszudrücken, wird leider traditionell von vielen Soziologen, Philosophen usw. als ihre legitime Aufgabe angesehen. So haben sie es gelernt, und so lehren sie es." (Popper, S. 111)

Sie werden im Studium noch häufig Texten begegnen, die nicht deshalb schwer zu verstehen sind, weil sie mit Hilfe einer Fachterminologie komplizierte Sachverhalte erörtern, sondern deshalb, weil sie mit „großen Worten" einfache Sachverhalte kompliziert ausdrücken.

Nun können Sie daran als Leser schlechterdings nichts ändern. Ob es sich um berechtigte Fachtermini oder um „große Worte" handelt, läßt sich sehr oft nur aufgrund von großer Kenntnis über den erörterten Gegenstand erkennen. Doch dessen ungeachtet sollten Sie sich Poppers Empfehlung, vor großen Worten nicht zurückzuschrecken, beim Lesen zu eigen machen.

Wenn Sie ein Referat hören und den Eindruck haben, daß der Referent sich der „großen Worte" oder der „glitzernden Wörtchen" (Lichtenberg, S. 421) bedient, fragen Sie nach, lassen Sie sich die Fremdwörter, die Fachtermini erklären. Denn was im Gewande großer Gelehrtheit einherstolziert, ist leider allzuoft nichts als Maskerade.

 Popper, K. R.: Gegen die großen Worte. In: Auf der Suche nach einer besseren Welt. Vorträge und Aufsätze aus dreißig Jahren. München 1990 (4. Aufl.), S. 99-113

Und Schopenhauer kritisierte diesen Umstand besonders prägnant:

> *„Durch solche Beispiele ermutigt, suchte seitdem fast jeder armselige Skribler etwas darin, mit pretiöser Dunkelheit zu schreiben, damit es aussähe, als vermöchten keine Worte seine hohen oder tiefen Gedanken auszudrücken. Statt auf jede Weise bemüht zu sein, seinem Leser deutlich zu werden, scheint er ihm oft neckend zuzurufen: ‚Gelt, du kannst nicht raten, was ich mir dabei denke!'*
>
> *Wenn nun jener, statt zu antworten: ‚Darum werd ich mich den Teufel scheren' und das Buch wegzuwerfen, sich vergeblich daran abmüht; so denkt er am Ende, es müsse doch etwas höchst Gescheutes, nämlich sogar seine Fassungskraft Übersteigendes sein, und nennt nun mit hohen Augenbrauen seinen Autor einen tiefsinnigen Denker.*
>
> *Eine Folge dieser ganzen saubern Methode ist unter anderm, daß, wenn man in England etwas als sehr dunkel, ja ganz unverständlich bezeichnen will, man sagt: ‚It is like German metaphysics' (Es ist wie deutsche Metaphysik) ungefähr wie man in Frankreich sagt: ‚C'est clair comme la bouteille à l'encre.' (Das ist so klar wie Tinte.)"*

5. Was und wie schnell Sie lesen sollen (könnten)

Worum geht es in diesem Kapitel?

Wir haben uns bislang nur mit der Frage beschäftigt, **wie** man besser **lesen** kann oder sollte. In diesem Kapitel wollen wir uns mit den Fragen beschäftigen, (5.1) **was** Sie lesen sollten und (5.2) **wie schnell** Sie lesen sollten.

5.1: Die Frage, **was** man **lesen** sollte, wird von uns einmal *kurz* (und mit den nötigen Abstrichen auch richtig) und einmal etwas *länger* beantwortet. Die anschließenden 12 Ratschläge mögen Ihnen helfen.

5.2: Die meisten Menschen lesen langsamer, als sie es aufgrund ihrer physiologischen Möglichkeiten könnten; das gilt auch für Studierende. Aber gerade Menschen, die viel lesen müssen und wollen, sollten ihre Möglichkeiten, schneller zu lesen, unbedingt nutzen. Wir erklären Ihnen, warum viele Leser diesen Fehler machen, und geben Ihnen Hinweise, wie Sie dies ändern können.

5.1 Welche Texte wichtig sind

Kurz

Kurz und bündig zum ersten: Lesen Sie, was Ihnen wichtig erscheint, was Sie – einmal angefangen – betroffen macht, nachdenklich stimmt, erheitert usw.

Kurz und bündig zum zweiten: Lesen Sie nur das Beste! (Das wird von allen klugen Geistern empfohlen; versehen noch mit dem Rat, das Beste möglichst mehrmals zu lesen.)

Kurz und bündig zum dritten: Lesen Sie nur das Wichtigste! Wichtig kann die Literatur sein, die in der im Seminar ausgeteilten Literaturliste aufgeführt ist. Wichtig für den Dozenten, wichtig für die Prüfung, wichtig für die Aneignung des Gegenstands ...

Lang

„Gehe zur Quelle und begnüge dich nicht mit einem abgeleiteten Rinnsal", so ein über die Zeiten immer wieder geäußerter Ratschlag. Friedrich Eduard Beneke bemerkte dazu vor fast 170 Jahren:

„Lassen Sie sich ... durch die zahllose Menge der über jede Wissenschaft vorliegenden Bücher nicht bange machen. In den historischen Wissenschaften müssen ja die verschiedenen Darstellungen, der Natur der Sache nach, sehr viel Gemeinsames enthalten; und was die philosophischen Wissenschaften betrifft: eine wie geringe Anzahl von Problemen ist es, deren genügende Lösung, von dem ersten Erwachen des menschlichen Forschungsgeistes bis auf unsere Tage nur immer wieder von Neuem erstrebt wird! Noch unbetretene Wege zu diesem Ziele zu entdecken, und von ihnen aus andere wissenschaftliche Gebiete oder das gesellschaftliche Leben auf eine noch unbekannte Weise zu bereichern, ist nur die Sache weniger Genien: Jahrhunderte lang sehn wir dann das durch diese zu Tage geförderte edle Metall in verschiedenen Geprägen von Hand zu Hand gehn.

Sind Sie also nun in ein Meisterwerk dieser Art so tief eingedrungen, daß Ihnen seine innersten Fibern in ihrem organischen Zusammenhange klar vor Augen liegen, so haben Sie hiermit zugleich hundert andere Werke gelesen: während bei einem flüchtigen Lesen dieser letzteren dem nur an ein oberflächliches Betrachten gewöhnten Blicke das hundertste eben so neu, wie das erste, erscheinen würde. Eine Benutzung von Büchern also, welche den Hauptzweck der akademischen Studien wahrhaft fördern soll, muß sich auf die wiederholte aufmerksame Erwägung weniger ausgezeichneter Werke beschränken." (Friedrich Eduard Beneke, 1826, S. 126 f.)

Sieht man einmal davon ab, daß der Begriff „Quelle" ein recht unscharfer Begriff ist, wenn man ihn nicht auf die Sache, sondern auf den Leser bezieht (für den einen Leser kann Quelle sein, was für einen anderen längst einer von vielen Texten in der Informationsfülle ist), so beschreibt dieser Satz eine *Grundregel wissenschaftlichen Arbeitens* (zur Quelle zu gehen) und eine *Not* zugleich. Die Not, das ist die Frage nach dem Ursprung, nach dem Ort der Quelle, um im Bilde zu bleiben. Worum es geht, ist die Frage nach den für ein Thema bzw. einen Gegenstand grundlegenden Texten. Diese Frage ließ sich vor 100 Jahren leichter beantworten als heute. Was man gerne als Informations-Explosion bezeichnet, betrifft den Wissenschaftsbereich zuallererst. Und selbst die Instrumente der einzelnen Fachwissenschaften, die einen Überblick über das vorhandene Material bieten sollen (z.B. Bibliographien) sind selbst kaum mehr zu überschauen. Aufgrund der Tatsache, daß Bibliotheken immer mehr und mehr dazu übergehen (in Zukunft nahezu ausschließlich wohl), eigene wie fremde Informationsbestände auf CD-ROM zu speichern, ist der Zugriff heute zeit- und arbeitssparender. Aber als Problem bleibt, daß auch die auf Magnetträgern gespeicherten Bibliographien fast durchweg nur einen Teil aller Publikationen einer Disziplin auswerten.

Nun geht mit einen *Information*szuwachs *nicht* zwangsläufig ein *Erkenntnis*-zuwachs einher. Sie sollten sich über drei Dinge im klaren sein: **1.** Mit welchem Gegenstand man sich auch immer auseinandersetzen mag, es ist weder nötig noch möglich, alle ihn betreffenden Texte zu erfassen. **2.** Ältere Arbeiten ermitteln Sie am schnellsten durch *vertikales Recherchieren* und/oder durch *Tertiärliteratur*. **3.** Hinweise auf Literatur zu aktuellen Themen oder neuen Fachbegriffen erhalten Sie oftmals überhaupt nur oder am schnellsten von den Professoren oder wissenschaftlichen Mitarbeitern.

Was versteht man unter vertikalem Recherchieren? Sie beginnen die Recherche mit einem neueren Text und erschließen über dessen Literatur-Verzeichnis weitere, allerdings nur ältere Texte. Besorgen Sie sich dann zwei oder drei dieser älteren Arbeiten, und werten Sie wiederum deren Literaturverzeichnisse aus. Irgendwann stoßen Sie dann auf vielzitierte und erste Texte. Ein solches Vorgehen ist freilich nicht sehr ökonomisch und führt auch nicht immer zum Erfolg. Ein Beispiel: angenommen, wir wollten zu den Quellen der „Hermeneutik als einem Verfahren des Verstehens und Auslegens von Texten". Wir würden höchstwahrscheinlich schon im ersten kleineren Aufsatz jüngeren Datums, der sich mit dem Thema befaßt, auf die richtige Spur geführt. Recht schnell würden wir zumindest die relevanten Autoren „entdecken" (also Gadamer ➡ Dilthey ➡ Schleiermacher).

Also noch einmal zurück zu unserer Eingangsfrage. Was müssen oder sollten Sie lesen?

Hierzu **zwölf Ratschläge:**

1. Originaltexte

Sie sollten Originaltexte lesen. Texte von Urhebern, von Menschen, die einen Gedanken zum ersten Mal gedacht und geäußert haben.

2. Texte, die Sie verstehen

Doch nicht jeder Originaltext ist ohne weiters zu verstehen. Deshalb erscheinen uns die Ratschläge von Maximilian L. Löwe und Hermann Mitgau sehr beherzigenswert.

Löwe empfiehlt:
„Keine Schriften, zu deren Verständnis man sich nicht reif fühlt." (1839, S. 48)

Auch Hermann Mitgau weist auf diesen Umstand hin:

„Wenn Dein Freund Nietzsche liest, so kann das für ihn ein erlösendes Erlebnis bedeuten, für Dich ein völliges Nichtverstehen. So wird es auch ... Bücher geben, die gerade Du in diesem Augenblick einfach nicht verdaust, während es heißt, daß sie ... ganz leicht ... und für erste Semester geschrieben seien. Lege sie zurück! Es kommt bald oder später eine Zeit, in der Du sie dann doppelt und dreifach so schnell und mit tiefem Verständnis liest. Doch hüte Dich vor Bequemlichkeit! (...) Lege ... kein Buch aus der Hand, weil ... es sich schwer liest ...". (Mitgau 1926, S. 64 f.)

Aber Lichtenberg warnt auch vor Kleinmütigkeit:

„Man muß nie denken, dieser Satz ist mir zu schwer, der gehört für die großen Gelehrten, ich will mich mit den anderen hier beschäftigen, dieses ist eine Schwachheit die leicht in eine völlige Untätigkeit ausarten kann. Man muß sich für nichts zu gering halten." (S. 158)

3. Lexika, Wörterbücher

Sie sollten Lexika und Wörterbücher grundsätzlich zu Rate ziehen. Und Sie sollten sich nicht nur ein, sondern mehrere Lexika Ihres Studienfaches zulegen. Denn die Autoren dieser Werke wählen aus und definieren ihre Begriffe nach durchaus unterschiedlichen wissenschaftlichen Standpunkten bzw. Betrachtungsweisen.

4. Ein philosophisches bzw. wissenschaftstheoretisches Wörterbuch

Neben den Wörterbüchern Ihres Studienfaches sollten Sie sich auch ein philosophisches/wissenschaftstheoretisches Wörterbuch zulegen. Im Unterschied zu den anderen Fachlexika werden hier die Begriffe, die in allen Wissenschaften verwendet werden (zum Beispiel: Theorie, Definition, Paradigma, Logik), erklärt. Empfehlenswert ist zum Beispiel das jetzt in einer preiswerten Taschenbuch-Ausgabe vorliegende

Seiffert H.; Radnitzky G. (Hg.): Handlexikon zur Wissenschafts-
theorie. München 1992 und ebenfalls als Taschenbuch-Ausgabe;
Speck, J. (Hg.): Handbuch wissenschaftstheoretischer Begriffe. 3 Bde.
Göttingen 1980

5. Überblicks-Artikel (Literatur-Berichte)

Das sind Aufsätze, in denen Autoren versuchen, den Stand der Forschung oder
Diskussionen zu einem Thema, Gebiet, zu einer aktuell diskutierten Frage
usw. zusammenfassend zu referieren. Man mag dem Urteil dieser Autoren
gegenüberstehen, wie man will, entscheidend ist: In solchen Referaten wird in
der Regel die wesentliche Literatur zitiert, auf die zentralen Frage- bzw.
Problemstellungen Bezug genommen.

6. Buchbesprechungen

Rezensionen finden Sie nicht in Tageszeitungen, sondern in den prominenten
Fachzeitschriften Ihres Studienfachs. Welches die prominenten Fachzeitschriften sind, das müssen und werden Sie im Laufe Ihres Studiums selbst
herausbekommen. Rezensionen bieten den Vorteil, daß sie sich fast immer mit
der zentralen Frage- bzw. Problemstellung der Publikation auseinandersetzen.
Sie konzentrieren sich also in der Regel auf Wesentliches. Aber denken Sie an
Kiesewetters Empfehlung Nr. 22 (vgl. S. 68).

7. Verlags-Prospekte

Sie sollten sich möglichst früh und möglichst vollständig in die Verteiler der
Verlage aufnehmen lassen, die Bücher und Zeitschriften zu Ihrem Studienfach
publizieren. Wer z.B. folgendes Fach studiert, sollte sich unbedingt in den Verteiler zum Beispiel (es gibt für jede Disziplin noch einige weitere, unbedingt zu
berücksichtigende Verlage) folgender Verlage aufnehmen lassen:

Wirtschaftswissenschaft: Gabler
Psychologie: Metzler, Hogrefe, Springer, Urban &
                        Schwarzenberg
Pädagogik: Beltz, Cornelsen Scriptor, Herder, Klett, Klinkhardt
Soziologie: Campus, Enke
Germanistik: Fink, Metzler
Philosophie: Fromann-Holzboog, Meiner, Klostermann

8. Lehrbücher

Lehrbücher bieten den großen Vorteil, daß sie ein Stoff-Gebiet in besonders
gut gegliederter und verständlicher Weise vorstellen.

9. Biographien, Memoiren von Wissenschaftlern

Sie eröffnen Ihnen – manchmal besser als jedes Lehrbuch – die zentralen Fragestellungen, Gegenstände, Methoden usw. eines Faches. Sie verraten etwas von der Entstehung von Wissen. Sie sind oft sehr persönlich, spannend, ehrlich; sie zeigen nicht nur den Gegenstand, das Ergebnis, sondern sie zeigen auch den sich mit dem Gegenstand auseinandersetzenden Wissenschaftler. Noch einmal sei hier auf das sehr lesenswerte Buch von Wolf Wagner „Uni-Angst und Uni-Bluff" hingewiesen, in dem der Autor das Auseinanderfallen der Wissenschaft in „Ergebnis" und „Entstehung" sehr anschaulich beschreibt.

10. Wissenschaftliche Literatur aus Nachbar-Disziplinen

Sie sollten über den Tellerrand Ihrer Disziplin hinausschauen und zumindest zur Kenntnis nehmen, was in den unmittelbaren Nachbardisziplinen diskutiert wird. Nur dies ermöglicht Ihnen eine interdisziplinäre Betrachtungsweise der Inhalte Ihres Studienfaches.

11. Belletristik

Und schließlich schöngeistige Literatur: Gedichte, Romane, Novellen, Dramen usw., die sollten Sie auch lesen. Warum? Weil neben dem rein ästhetischen Vergnügen sehr oft auch ein intellektueller Gewinn für das Studium Ihrer Wissenschaft verbunden ist. Einige Beispiele: Besser als viele Geschichtsbücher vermittelt das Buch „Preisen will ich die großen Männer" des Schriftstellers James Agee und des Fotografen Walker Evans einen Eindruck von den Lebensverhältnissen us-amerikanischer Landarbeiter in den dreißiger Jahren des 20. Jahrhunderts. Bruce Chatwins „Traumpfade" gibt uns einen tiefen Eindruck von der Kultur der australischen Aborigines. Bertolt Brechts „Leben des Galilei" bringt uns die Frage nach der Verantwortung des Wissenschaftlers näher als manch wissenschaftlicher Aufsatz.

> *„All my good reading, you might say, was done in the toilet …*
> *There are passages of Ulysses which can be read only in the toilet –*
> *if one wants to extract the full flavour of their content."*
> *(Henry Miller)*

12. Ein Tip des englischen Physikers John Aiken:

> *„To choose a good book, look in an inquisitors prohibited list."*

5.2 Schneller lesen!

Wohl alle Menschen, die viel lesen wollen bzw. müssen, wünschen sich, sie könnten

❏ schneller

❏ mehr und

❏ mit geringem Vergessen

lesen.

Man geht heute davon aus, daß die Lesegeschwindigkeit von Erwachsenen bei der Lektüre von wissenschaftlicher Fachliteratur bei 130 bis 180 Wörtern pro Minute (W/pm) liegt. Dieser Wert sinkt, wenn es sich um besonders schwierige oder fremdsprachige Texte handelt, er steigt bei einfachen Texten (leichten Zeitungsartikeln, Werbetexten usw.) und Unterhaltungsliteratur.

Die Lesegeschwindigkeit läßt sich steigern, wenn man trainiert, bestimmte Fehler beim Lesen zu vermeiden. Die folgende Abbildung zeigt, wie „normale" (also untrainierte) Menschen lesen. Die Lesegeschwindigkeit besonders langsamer Leser wird überdies durch Rückschwünge des Auges (sogenannte Regressionen), durch visuelle Abschweifungen und manchmal noch durch stummes Mitsprechen (Subvokalisieren) beeinträchtigt. Abschweifungen sind besonders zeitraubend, weil das Auge erst wieder den Anschlußpunkt suchen muß und ihn in vielen Fällen nicht auf Anhieb findet, sondern einige Wörter oder gar Zeilen nochmals lesen muß. Je mehr Dinge auf dem Schreibtisch liegen, desto mehr Anreize bieten wir den Augen abzuschweifen.

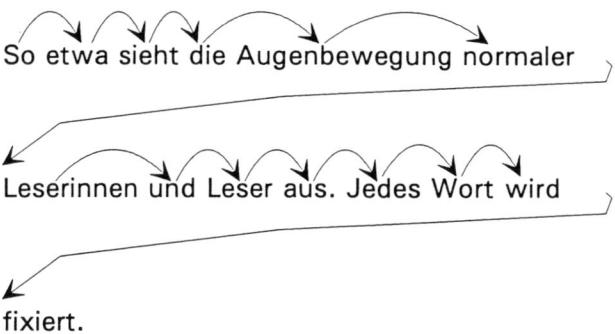

So etwa sieht die Augenbewegung normaler Leserinnen und Leser aus. Jedes Wort wird fixiert.

Rückschwünge, visuelle Abschweifungen und vor allem das Wort-für-Wort-Lesen (Fixieren) sind die Hauptfehler beim Lesen. Trainingsprogramme zur Erhöhung der Lesegeschwindigkeit setzen in erster Linie bei den physischen Möglichkeiten des menschlichen Auges an. Diese bestehen darin, daß der Schärfebereich des menschlichen Sehens bei etwa drei Zentimeter liegt. Bezogen auf das Lesen heißt dies: Wir sind in der Lage, in einer Textzeile Wörter auf einer Breite von drei Zentimetern scharf zu sehen. Es geht darum, diese Fähigkeit auszunutzen, die Blickspanne beim Lesen zu erweitern. Das jedenfalls versprechen die meisten Trainings, und diesen Anspruch dürften sie auch einlösen.

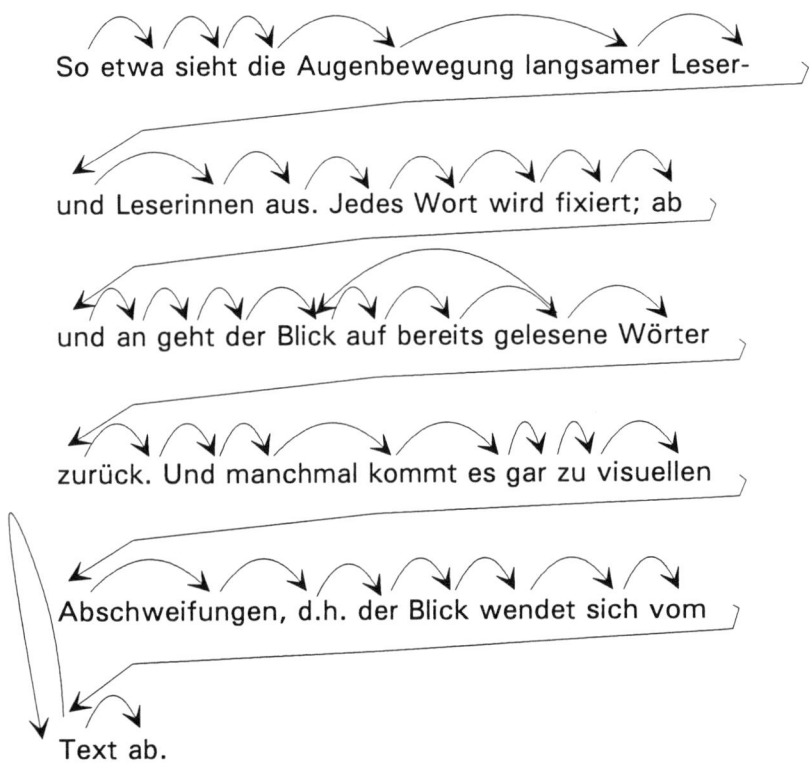

So etwa sieht die Augenbewegung langsamer Leser-

und Leserinnen aus. Jedes Wort wird fixiert; ab

und an geht der Blick auf bereits gelesene Wörter

zurück. Und manchmal kommt es gar zu visuellen

Abschweifungen, d.h. der Blick wendet sich vom

Text ab.

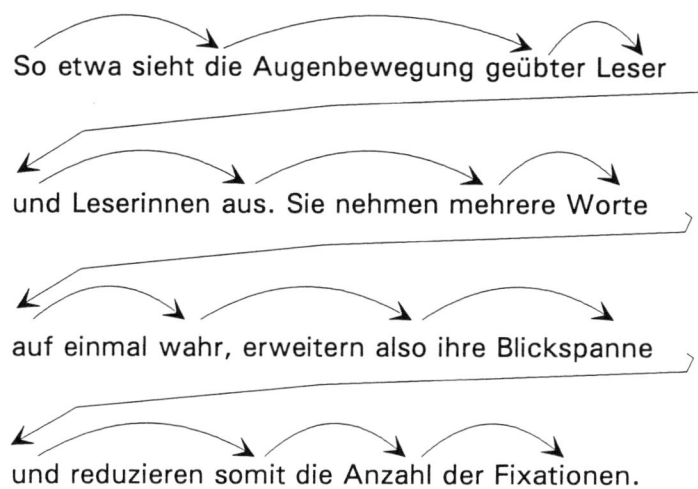

So etwa sieht die Augenbewegung geübter Leser

und Leserinnen aus. Sie nehmen mehrere Worte

auf einmal wahr, erweitern also ihre Blickspanne

und reduzieren somit die Anzahl der Fixationen.

Worüber allerdings heftig gestritten wird, das ist das Ausmaß der Geschwindigkeitssteigerung. 900 bis 1000 W/pm verspricht mancher Kurs. Realistisch sind erheblich geringere Steigerungsraten. Wenn man am Ende eines Trainings seine Lesegeschwindigkeit verdoppelt oder gar auf 500 W/pm gesteigert hat, kann man mit Recht zufrieden sein.

> *„Was hilft ein Buch, wenn es einem zu früh*
> *oder zu spät begegnet."*
> *(Hans Carossa)*

 Michelmann, Rotraut; Michelmann, Walter U.: Effizient und schneller lesen. Mehr Know-how für Zeit und Informationsgewinn. Reinbek b. Hamburg 1998

> *„Ich glaube, man sollte überhaupt nur solche*
> *Bücher lesen, die beißen und stechen."*
> *(Franz Kafka)*

> *„The art of reading is among other things the art of adopting*
> *that pace the author has set. Some books are fast and some are slow,*
> *but no book can be understood if it is taken at the wrong speed."*
> *(Mark van Doren)*

Die bisherigen Hinweise zu einer Erhöhung der Lesegeschwindigkeit
zielten darauf ab, falsche Lesegewohnheiten abzulegen und die physiologischen Möglichkeiten des Auges durch Training zu verbessern.

Dadurch werden Sie befähigt, die Menge des Lesestoffes zu erhöhen. Mit
diesem Lern- und Trainingsprozeß einher geht auch eine Verbesserung der
Konzentrationsfähigkeit, eine Erweiterung des Wortschatzes und schließlich
ein Rückgang der Vergessensrate. Diese positiven Begleiterscheinungen
werden aber nur eintreten, wenn Sie schnelles, konzentriertes Lesen nicht mit
hektischem und ziellosem Überfliegen verwechseln. Deshalb ist es nötig, sich
vorher über den Charakter und die Eigenart von Buch und Autor sowie die
Ziele der folgenden Lektüre klarzuwerden und Zeitpunkt und Lesegeschwindigkeit entsprechend zu wählen:

Rasches Lesen: zur Orientierung oder gezielten Suche bestimmter
                      Informationen

Normales Lesen: zur Aufnahme des Textes

Sorgfältiges Lesen: zum genauen Durchdenken von Darstellung
                      und Argumentation

Intensives Lesen: zum vertieften Durcharbeiten und Einprägen

Sicher erinnern Sie sich noch an unsere Vorschläge zur Arbeit mit verschiedenen Wörterbüchern in Kapitel 1.4 zum Zweck eines breiten begrifflichen
Horizonts. Wir versprachen Ihnen dadurch eine Verbesserung der Sprachsensibilität als eine der Bedingungen für erfolgreiches Lesen und Verstehen wissenschaftlicher Literatur. Eine ähnliche Wirkung kann sich auch aus dem Training
der Lesegeschwindigkeit und ihrem angemessenen Einsatz ergeben.

Nachsatz

Wir möchten noch einmal Lichtenberg zu Wort kommen lassen.

„Ein Buch ist ein Spiegel, wenn ein Affe hineinschaut, so kann kein Apostel herausgucken."
(Georg C. Lichtenberg, S. 247)

„Acht Bände hat er geschrieben.
Er hätte gewiß besser getan er hätte acht Bäume gepflanzt oder …".
(Georg C. Lichtenberg, S. 136)

Aber vielleicht hat dieses Buch Ihnen geholfen, ein „Apostel" zu werden. Und vielleicht haben Sie das Glück, während Ihres Studiums nur Autoren zu lesen, die erfreulicherweise ihre Zeit dem Schreiben wissenschaftlicher Literatur und nicht dem Pflanzen von Bäumen gewidmet haben.

Beides wünschen wir Ihnen.

Literaturverzeichnis

> *„I know that a knowledge of books is the basis on which all other knowledge rests."*
>
> *(George Washington)*

Die in den einzelnen Kapiteln zitierte Literatur ist hier nochmals alphabetisch aufgeführt (die in den Titel-Zitaten *kursiv* gedruckten Namen weisen darauf hin, daß es sich um den Namen einer Zeitschrift handelt). Darüber hinaus haben wir noch einige Titel ergänzt, die für alle jene nützlich sein könnten, die sich für den Lebensraum Universität interessieren und darüber mehr erfahren möchten.

Aeschbacher, Urs: Reziprokes Lehren. Eine amerikanische Unterrichtsmethode zur Verbesserung des Textverstehens. *Beiträge zur Lehrerbildung* 7, 1989, 2, S. 194 – 204

Anderson, Richard C.: Control of Student Mediating Processes During Verbal Learning and Instruction. *Review of Educational Research* 40, 1970, 3, S. 349-369

Ballstaedt, Steffen-P. u.a.: Texte verstehen – Texte gestalten. München, Wien, Baltimore 1981

Barrass, Robert: Scientists Must Write. London, New York 1983[4]

Baumann, Manfred: Lehrbuchtexte als Bedingung effektiven Lernens. In: Zur Psychologie der Lerntätigkeit. Berlin 1977, S. 360-371

Beneke, Friedrich E.: Allgemeine Einleitung in das akademische Studium. Allen wahren Jüngern der Wissenschaft gewidmet. Göttingen 1826

Bettmann, Otto L.: The Delights of Reading. Quotes, Notes & Anecdotes. Boston: 1992

Brecht, Bertolt: Gesammelte Werke. Band 20. Frankfurt am Main 1967

Bredenkamp, Jürgen; Wippich, Werner: Lern- und Gedächtnispsychologie. Bd. 2. Stuttgart 1977

Breuker, Joost: Beschreibung des Lernstoffs. Essen: Gesamthochschule Essen, Hochschuldidaktisches Zentrum 1977

Buzan, Tony: Kopftraining. Anleitung zum kreativen Denken. München 1984[2]

Chrystal, David: Die Cambridge Enzyklopädie der Sprache. Frankfurt am Main, New York 1993

Dansereau, Donald F. u. a.: Development and Evaluation of a Learning Strategy Training Program. *Journal of Educational Psychology* 71, 1979, S. 64-73

Eco, Umberto: Wie man eine wissenschaftliche Abschlußarbeit schreibt. Heidelberg 1988

Erdmann, Hans-W.; Petersen, Jörg: Strukturen empirischer Forschungsprozesse. 2 Bde. Ratingen, Kastellaun 1975

Ertl, Suitbert: Erkenntnis und Dogmatismus. *Psychologische Rundschau* 23, 1972, S. 241-269

Flechsig, Karl-H.; Haller, Hans-D.: Einführung in didaktisches Handeln. Stuttgart 1975

Fonck, Leopold: Wissenschaftliches Arbeiten. Beiträge zur Methodik und Praxis des akademischen Studiums. Innsbruck 1926[2]

Franck, Norbert; Rückriem, Georg; Stary, Joachim: Methoden, Strategien und Verfahren der Bearbeitung wissenschaftlicher Texte und Themen aus dem Bereich der Weiterbildung. 2 Tle. Hagen, Fernuniversität – Gesamthochschule Hagen 1981 (Studienbriefe 3423/1/02/S1)

Friedrichs, Jürgen: Methoden empirischer Sozialforschung. Reinbek 1973 (neueste Auflage: Opladen 1990[14])

Genette, Gérard: Paratexte. Frankfurt am Main, New York 1992

Gibson, Eleanor J.; Levin, Harry: Die Psychologie des Lesens. Frankfurt am Main 1989

Gowin, Bob D.: The Structure of Knowledge. *Educational Theory* 20, 1979, 4, S. 319-328

Grzesik, Jürgen: Textverstehen lernen und lehren. Geistige Operationen im Prozeß des Textverstehens und typische Methoden für die Schulung zum kompetenten Leser. Stuttgart 1990

Grimm, Jacob; Grimm, Wilhelm: Deutsches Wörterbuch. 33 Bde. München 1991

Henscheid, Eckhard: Dummdeutsch. Ein Wörterbuch. Stuttgart 1993

Hörmann, Hans: Meinen und Verstehen. Frankfurt am Main 1978

Horster, Detlef: Sokratische Gespräche in der Erwachsenenbildung. In: Das Sokratische Gespräch – ein Symposion. Hamburg 1989, S. 147-165

Jesse, Andreas: Information systematisch gewinnen. Reinbek bei Hamburg 1975

Jüngst, Karl L.: Lehren und Lernen mit Begriffsnetzdarstellungen. Zur Nutzung von conceptmaps bei der Vermittlung fachspezifischer Begriffe in Schule, Hochschule, Aus- und Weiterbildung. Frankfurt am Main 1992

Keitel, Christine; Otte, Michael; Seeger, Falk: Text – Wissen – Tätigkeit. Königstein/Ts. 1980

Kiesewetter, Johann G.: Lehrbuch der Hodegetik oder kurze Anleitung zum Studieren. Berlin 1811

Kirschner, Carl: Hodegetik oder Wegweiser zur Universität für Studierende. Leipzig, Göttingen 1852

Kitchener, Karen G.; Hurst, James C.: ETSI. The Student Manual for Education Through Student Interaction. Rocky Mountain Behavioral Science Institute. Fort Collins, Colorado 1972

Krapf, Bernd: Reziprokes Lehren. In: Ders.: Aufbruch zu einer neuen Lehrkultur. Bern, Stuttgart, Wien 1992, S. 79-100

Krapp, Andreas; Hofer, Manfred; Prell, Siegfried: Forschungswörterbuch. Grundbegriffe zur Lektüre wissenschaftlicher Texte. München, Wien, Baltimore 1982

Kretzenbacher, Heinz L.: Vom Ich-, Metapher- und Erzähl-Tabu. Oder: Wie durchsichtig ist die Sprache der Wissenschaften? *Uni Zürich* 1993, 2, S. 18-21

Kulenkampff, Arend: Hermeneutik. In: Speck, J. (Hg.): Handbuch wissenschaftstheoretischer Grundbegriffe. Bd. 2. Göttingen 1980, S. 271-281

Lichtenberg, Georg C.: Sudelbücher. Frankfurt am Main 1984

Lichtenberg, Georg C.: Gesammelte Werke. Bd. 1. Baden-Baden 1949 (zit. als Lichtenberg 2)

Löwe, Maximilian L.: Grundriß der allgemeinen Hodegetik. Dresden 1839

Meehan, Eugene J.: Praxis des wissenschaftlichen Denkens. Ein Arbeitsbuch für Studierende. Reinbek bei Hamburg 1992

Mirande, Marcel u.a.: Lernen durch Schematisieren. Eine Methode zum Verstehen und Behalten von Studientexten. Essen, Gesamthochschule, HDZ 1978

Mitgau, Johann H.: Der Student. Eine Einführung in Studium und Studentenleben an deutschen Universitäten der Gegenwart. Heidelberg 1926

Naef, Regula D.: Rationeller Lernen lernen. Weinheim, Basel 1977[9]

Novak, Joseph D.: Concept Maps and Vee Diagrams: Two Metacognitive Tools to Facilitate Meaningful Learning. *Instructional Science* 19, 1990, S. 29 - 52

Palinscar, Annemarie S.; Brown, Ann L.: Reciprocal Teaching of Comprehensive Fostering and Comprehension Monitoring Activities. *Cognition and Instruction* 1984, 1, S. 117 - 175

Pflugradt, Nina: Förderung des Verstehens und Behaltens von Textinformationen durch „Mapping" Universität Tübingen, DIFF 1985 (= Forschungsberichte 35)

Popper, Karl R.: Gegen die großen Worte. In: Auf der Suche nach einer besseren Welt. Vorträge und Aufsätze aus dreißig Jahren. München 1990[4]

Pukas, Dietrich: Texterörterung – Aufsatzlehre für Praktiker. Konstruktiver statt „segmentierter" Aufsatzunterricht. *Zeitschrift für Berufs- und Wirtschaftspädagogik.* Jg. 89, 1993, Heft 3, S. 295 - 311

Roberts, Karlene H.; Rost, Detlef H.: Analyse und Bewertung empirischer Untersuchungen. Hinweise zum Verständnis und zur Kritik erfahrungswissenschaftlicher Untersuchungen. Weinheim, Basel 1974[2]

Rückriem, Georg; Stary, Joachim; Franck, Norbert: Die Technik wissenschaftlichen Arbeitens. Paderborn u.a. 1994[8]

Schischkoff, Georgi: Philosophisches Wörterbuch. Stuttgart 1991[22]

Schopenhauer, Arthur: Kopfverderber. Über die Universitätsphilosophie und ihre Professoren. Frankfurt am Main 1982

Schumann, Otto: Das wissenschaftliche Manuskript. In: Ders. (Hg.): Grundlagen und Technik der Schreibkunst. Herrsching 1983, S. 683 - 711

Seiffert, Helmut; Radnitzky, Gerard (Hg.): Handlexikon zur Wissenschaftstheorie. München 1992

Speck, Josef (Hg.): Handbuch wissenschaftstheoretischer Begriffe. 3 Bde. Göttingen, Zürich 1980

Standards erziehungswissenschaftlicher Forschung. *Zeitschrift für Pädagogik* 32, 1986, 4, S. 597 - 602

Steindorf, Gerhard: Pädagogikstudium. Bad Heilbrunn 1975

Strauß, Samuel: Richtlinien für die Analyse von Forschungsberichten. In: Pädagogische Psychologie. Bd. 1. Frankfurt am Main 1973, S. 42 - 52

Travers, Robert, M.W.: Einführung in die erziehungswissenschaftliche Forschung. München 1972

Volpert, Walter: (Das Exzerpieren). Unveröff. Manuskr. Berlin o.J.

Wagner, Wolf: Diskussionswaffen. *Kassandra* 1, 1985, 4, S. 5 - 6

Wagner, Wolf: Uni-Angst und Uni-Bluff. Berlin 1993

Werlich, Egon: Typologie der Texte. Heidelberg 1979[2]

Wilpert, Gero von: Sachwörterbuch der Literatur. Stuttgart 1979[6]

Wolf, Willi: Ein Flußdiagramm als Hilfe zur Beurteilung empirischer Untersuchungen. *Zeitschrift für Pädagogik* 19, 1973, 1, S. 63 - 76

Zielke, Wolfgang: Schneller lesen selbst trainiert. Ein praktisches Intensivtraining für 30 Tage. Landsberg 1988[13]

Literatur, die wir hier nicht erwähnt haben, die aber mit dem Lebensraum Universität etwas zu tun hat und allen jenen zum Blättern oder „diagonalen" Lesen empfohlen wird, die die Uni nicht nur als Ausbildungsstätte erleben (oder erleben wollen). Zum Thema „Universität – Lehren – Lernen" sind lesenswert:

Paulsen, Friedrich: Geschichte des gelehrten Unterrichts. 2 Bde. (1919) Berlin 1965
(Nach wie vor die ausführlichste Geschichtsschreibung zum Thema „Lehren und Lernen an Hochschulen")

Klant, Michael (Hg.): Universität in der Karikatur. Hannover. 1984
(Weniger text-, denn bildintensiv. Klant versammelt Karikaturen zu zeitaktuellen wie -übergreifenden Themen universitären Lebens, Lehrens und Lernens)

Reicke, Emil: Der Gelehrte in der deutschen Vergangenheit. (1924). Bayreuth o. J.
(Immer noch – zumindest antiquarisch – erhältlich ist diese kurzweilige bebilderte Geschichte des Unterrichts an der deutschen Universität des Mittelalters)

Piltz, Andres: Die gelehrte Welt des Mittelalters. Köln, Wien 1982
(Spannender als das zuvor zitierte Buch)

Prahl, Hans-Werner; **Schmidt-Harzbach,** Ingrid: Die Universität. Eine Kultur- und Sozialgeschichte. München, Luzern 1981
(Prahl ist wohl derzeit einer der besten Kenner der Universitätsgeschichte, vor allem der sozialgeschichtlichen Betrachtung: das Buch ist opulent ausgestattet, ein wahres Bilderwerk, schön und lesens- wie betrachtenswert)

Müller, Rainer A.: Geschichte der Universität. Von der mittelalterlichen Universitas zur deutschen Hochschule. München 1990
(Noch bildhaltiger als das zuvor genannte Buch)

Kaufmann, Georg: Geschichte der deutschen Universitäten. 2 Bde. (1888). Graz 1958
(Dieser Reprint kann ebenso wie Paulsens „Geschichte des gelehrten Unterrichts" als Klassiker der deutschsprachigen Universitätsgeschichtsschreibung gelten)

Stary, Joachim: Hodegetik oder „Ein Mittel gegen das Elend der Studierunfähigkeit". Eine historische Betrachtung. Das Hochschulwesen 42, 1994, 4, S. 160–164

Zum Thema „Lesen" ist lesenswert:

Manguel, Alberto: Eine Geschichte des Lesens. Darmstadt 1998
(Eine auf über 400 Seiten ausgebreitete Geschichte über die „Akte des Lesens" und die „Macht des Lesers")

Conrady, Peter; **Eicher,** Thomas (Hg.): Lese(r)förderung an der Hochschule. Projektdokumentation 1996–1998. Oberhausen 1998

Abkürzungsverzeichnis

A

a.a.O.	am angegebenen Ort
Abb.	Abbildung
Abdr.	Abdruck
Abh.	Abhandlung
Abs.	Absatz
Abschn.	Abschnitt
Abt.	Abteilung
acc.	accedit = Zusatz, Zugang
ad.inf.	ad infinitum = usw., unendlich
ad lib.	ad libitum = beliebig
ad usum	zum Gebrauch
ad usum Delphini	Schülerausgabe
allg.	allgemein
Alph. / alph.	Alphabet / alphabetisch
Anh.	Anhang
Anl.	Anlage
angek.	angekündigt
Anm.	Anmerkung
ann.	annotavit = Anmerkungen von
Anon. / anon.	Anonymus / anonym
ante	oben, früher, vorher
App.	Appendix = Anhang
Arch.	Archiv
Aufl.	Auflage
a. d. Engl.	aus dem Englischen
ausf.	ausführlich
Ausg.	Ausgabe
ausgew.	ausgewählt
Ausz.	Auszug
autogr.	autographiert
autor.	autorisiert

B

Bd. (Pl. Bde.)	Band (Bände)
Bdch.	Bändchen
Bearb. / bearb.	Bearbeiter, Bearbeitung / bearbeitet
bed. verm.	bedeutend vermehrt
begr.	begründet

Beih.	Beiheft
Beil.	Beilage
Beisp.	Beispiel
Beitr.	Beitrag
Ber.	Bericht
bes.	besonders
Bibl.	Bibliothek
Bibliogr.	Bibliographie
Bl.	Blatt
br.	broschiert
Buchdr.	Buchdruckerei
Buchh.	Buchhandlung
bzw.	beziehungsweise

C

ca.	circa = (um etwa, ungefähr
cf.	confer = vergleiche
col.	columna = Spalte
coll.	collegit = gesammelt von
corr.	correctus = verbessert
cur.	curavit = besorgt von

D

dass.	dasselbe
ders.	derselbe
dgl.	dergleichen
d.h.	das heißt
d.i.	das ist
dies.	dieselbe
Diss.	Dissertation
DK	Dezimalklassifikation
Dok.	Dokument
dt.	deutsch
durchges.	durchgesehen

E

ebd., ebda.	ebenda, an derselben Stelle
Ed.	Edition
ed.cit.	editio(ne) citata = in der angeführten Ausgabe
e.g.	exempla gratia = zum Beispiel

Einf.	Einführung	Hb., Handb.	Handbuch
Einl.	Einleitung	hekt., hektogr.	hektographiert
em.	emendavit = verbessert von	hg.	herausgegeben
em.	emeritus	Hg. (Pl. Hgg.), Hrsg.	Herausgeber
Enc., Enz.	Enzyklopädie	hj.	halbjährlich
erg.	ergänzt	h.q.	hoc quaere = siehe dies
Erg. H.	Ergänzungsheft		
Erl.	Erläuterungen	Hs. (Pl. Hss.)	Handschrift(-en)
erl.	erläutert, erläuternd	hs.	handschriftlich
ersch.	erschienen	h.t.	hoc titulo = unter diesem Titel
erw.	erweitert		
et al.	et alii = und andere	Hwb.	Handwörterbuch
etc.	et cetera = und so weiter		
		I	
evt. (evtl.)	eventuell	ib., ibid.	ibidem = ebenda
ex. rec.	ex recensione = aus der Besprechung	id.	idem = derselbe, dasselbe
		i.e.	id est = das ist
F		Ill.	Illustration
F.	Folge	ill.	illustravit = illustriert
f.	für	imp.	imprimatur = darf gedruckt werden
f.	folio = Blatt		
f. (Pl. ff.)	folgende Seite(n)	incl.	inclusive = einschließlich
fac., Faks.	facsimile = Faksimile		
fasc.	fasciculus = Heft	Inh.	Inhalt
Fig.	Figur	Inh. Verz.	Inhaltsverzeichnis
fl.	floruit = blühte, wirkte	in lim.	in limine = zu Beginn
Fol.	Folio = Blatt		
fortgef.	fortgeführt	Inst.	Institut
fortges.	fortgesetzt	i.q.	idem quod = dasselbe wie
Forts.	Fortsetzung		
frz.	französisch		
Fußn.	Fußnote	**J**	
		J.	Journal
G		Jb.	Jahrbuch
gedr.	gedruckt	Jg.	Jahrgang
ggf.	gegebenenfalls	Jh., Jhrd.	Jahrhundert
Ges.	Gesellschaft		
Ges. Ausg.	Gesamtausgabe	**K**	
ges. W.	gesammelte Werke	Kap.	Kapitel
gez.	gezeichnet	Komm.	Kommentar
gez. Bl.	gezählte Blätter	Kt.	Karte
griech.	griechisch		
H		**L**	
H.	Heft	lat.	lateinisch
Habil.-Schr.	Habilitationsschrift	Lex.	Lexikon

Lfg.	Lieferung
Lit.	Literatur
loc. cit.	loco citato = am angeführten Ort
Losebl.-Ausg.	Loseblatt-Ausgabe
l.s.c.	loco supra citato = an der oben zitierten Stelle

M

MA.	Mittelalter
Masch.	Maschinenschrift
Masch. vervielf.	Maschinenschrift, durch Matrizen vervielfältigt
maschinenschr.	maschinenschriftlich
Mitarb.	Mitarbeiter, Mitarbeit
mitget.	mitgeteilt
Mitw.	Mitwirkung
m.m.	mutatis mutandis = mit entsprechender Abänderung, im ganzen
Ms. (Pl. Mss.)	Manuskript (-e)
Mschr.	Monatsschrift

N

Nachf.	Nachfolger
Nachw.	Nachwort
n. Ausg.	neue Ausgabe
N.B., NB	nota bene = beachte
Neudr.	Neudruck
N.F.	Neue Folge
N.N.	nomen nominandum = der zu nennende, unbekannte Name
No.	Numero (lat. numerus) = Zahl
Nr. (Pl. Nm.)	Nummer(-n)
N.S., NS	New Series (engl.) = neue Folge

O

o.a.	oben angeführt
o.J.	ohne Jahr
o.O.	ohne Ort

op. cit.	opere citato = im angeführten Werk
Orig.	Original

P

P.	pars = Teil
p. (Pl. pp.)	pagina = Seite
p.	partim = zum Teil
p.	post = nach
p.a.	pro anno = jährlich
passim	hier und da, öfter
Phil. Diss.	Dissertation der Philosophischen Fakultät
Pl.	Plural
pro temp. oder p.t.	pro tempore = zur Zeit, vorläufig
P.S., PS	post scriptum = Nachschrift
Pseud.	Pseudonym

Q

q.v.	quod vide = siehe dies

R

R.	Reihe
r (hochgestellt)	recto folio = auf der Vorderseite des Blattes, die rechte Seite eines aufgeschlagenen Blattes
rec.	recensuit = besprochen von
Red.	Redaktion
red.	redigiert
Ref.	Referat
Reg.	Register
Repr.	Reproduktion (Wiederdruck / neu gedruckt)
rev.	revidiert, geprüft
Rez.	Rezensent, Rezension = Besprechung

rr.	rarissime = sehr selten		u.ö.	und öfter
			usw.	und so weiter

S

S.	Seite
s.	siehe
Samml.	Sammlung
sc.	scilicet = nämlich, versteht sich
seq. (Pl. seqq.)	sequens (sequentes) = und der, die, das folgende
Ser.	Serie
Sig.	Signatur
Sing.	Singular
s.l.a.n.	sine loco, anno, vel. nomine = ohne Ort, Jahr oder Name
Slg.	Sammlung
s.o.	siehe oben
Sp.	Spalte
Str.	Strophe
s.u.	siehe unten
Suppl., suppl.	Supplement = Ergänzung (-sband oder -steil), Nachtrag
s.v.	sub voce = unter dem Stichwort

T

T.; TL	Teil
T., t.	tomus = Band
Tab.	Tabelle
Taf.	Tafel
trad.	traduit = übersetzt von

U

u.a.	und andere, unter anderem
u.a.m.	und andere mehr
u.ä.	und ähnliche
u.dgl.	und dergleichen
u.d.T.	unter dem Titel
Übers.	Übersetzer
übers.	übersetzt von
übertr.	übertragen
umgearb.	umgearbeitet

V

v (hochgestellt)	verso folio = auf der Rückseite des Blattes, die linke Seite eines aufgeschlagenen Buches
V.	vide = siehe
veränd.	verändert
verb.	verbessert
Verf., Vf.	Verfasser
Verl., Vlg.	Verlag
Veröff.	Veröffentlichung
veröff.	veröffentlicht
vers.	versehen
Vertr.	Vertrieb
Verz.	Verzeichnis
vgl.	vergleiche
vic.	videlicet = nämlich
v.inf.	vide infra = siehe unten
vj.	vierteljährlich
Vschr.	Vierteljahresschrift
v.l.	varia lectio = andere Lesart
vollst.	vollständig
Vorr.	Vorrede
Vorw.	Vorwort
vs.	versus = gegen, gegenüber
v.s.	vide supra = siehe oben

W

Wb.	Wörterbuch
wiss.	wissenschaftlich

Z

z.	Zeile
Z., Zs., Zeitschr.	Zeitschrift
z.B.	zum Beispiel
Zeichn.	Zeichnung
Ziff.	Ziffer
zusgest.	zusammengestellt
Ztg.	Zeitung
z.Zt.	zur Zeit